なるほど日本経済

「平成バブル」から「アベノミクス」まで

富永泰行

花伝社

どこかに通じてる大道を僕は歩いているのじゃない
僕の前に道はない
僕の後ろに道は出来る
道は僕のふみしだいて来た足あとだ
だから
道の最端にいつでも僕は立っている
何という曲りくねり

道程／高村光太郎

なるほど日本経済——「平成バブル」から「アベノミクス」まで◆目次

V　市場主義改革の時代（2001〜2006年）

I

土地バブルの時代

1987～1990年

一九八九年十一月、東西冷戦の象徴だった「ベルリンの壁」が破られる。これを機に、西ドイツは東ドイツの完全併合に進み、ソ連・東欧の社会主義体制はなだれを打つように崩壊していった。

また、九〇年八月には、イラク軍が隣国・クウェートに侵攻する。この予想もしなかった事変の勃発に、ひとり未曾有の好景気に酔う日本列島にも衝撃が走る。九〇年秋からは、高騰を続けてきた地価も急反落していく。

1　地価の高騰と反落

公定歩合二・五％の出現

一九八七年から九〇年にかけて、国内では、大都市圏を中心に地価が高騰。のちに「土地バブル」と呼ばれる状況が到来した。それを後押ししたのが、八六年からの日本銀行（日銀）の低金利政策の実施だった。八七年二月には公定歩合（日銀の民間銀行向け貸出金利）が二・五％に引き下げられ、国内は過去に例のない低金利状態となった。

ではなぜ、こんな低金利政策が採られたのか。中曽根内閣時代の八五年九月、ニューヨークのプラザホテルで開かれたＧ５（先進五ヵ国蔵相・中央銀行総裁会議）で、日本は、ドル高是正のためのアメリカとの政策協調に合意。その「プラザ合意」がそもそもの始まりだった。

八〇年に誕生したレーガン政権は、当初、「ドル高はアメリカ経済の強さの反映」として、ドル高を容認した。ところが、八四年になると、これにアメリカ国内の製造業や農業などの業界から不満の声が上がってくる。同時に、アメリカ経済の実態も悪くなった。

そこで、レーガン政権は日本やドイツなど主要国に通貨調整、すなわちドルに対する円やマルクのレートアップを求めてきた。この政策協調によるドル高是正は、八七年二月のG５・ルーブル合意まで一年半近く続く。

この間に、円はどんどん切り上がっていく。プラザ合意直前の円・ドルレートは一ドル・二四〇円台だったが、ルーブル合意直前には一五〇円台まで上昇。円はドルに対して六〇％以上も切り上がった。

円が切り上がれば、その分だけ輸出企業の売上げは減る。売上げが減れば、当然ながら利益が減る。利益が減れば、企業は設備投資を取りやめる、さらには人減らしをはじめる。この結果、八六年に日本は、「円高デフレ」と呼ばれる不況に陥った。

このため、日銀は金融緩和を進め、八六年中に公定歩合を四回、通算二％引き下げた。政府も八六年一〇月に三兆円の公共投資を追加。それでも円高の進行は止まらず、輸出企業からは悲鳴が上がる。ついに、政府はアメリカに為替安定を求める行動に出る。

それが八七年二月のパリ・ルーブル宮殿でのG5合意（ドル高是正を終結）につながっていくのだが、それに合わせて、日本はさらなる利下げを実施した。かくして過去に例のない低金利――公定歩合二・五％が出現する。

この低金利状況が八九年五月まで二年三カ月も続く。もちろん、この間に日銀に利上げの動きはあったが、八七年十月のブラック・マンデー（ニューヨーク株価の暴落）、その後のドル下落で利上げのチャンスはつぶれてしまう。

地価高騰の震源地は都心

こうした日銀の低金利政策は、「銀行は企業にどんどんおカネを貸し出しなさい」というサインでもあった。だが、銀行はおカネを貸したくても、企業は借りてくれない。不況の中では、企業は設備投資を抑え、銀行借入を控える。そこで銀行が向ったのが、都心でのオフィスビル建設への資金提供だった。

当時は東京一極集中の波に乗って、関西などから都心への本社移転が相次いでいた。東京でビジネスチャンスをつかもうと、海外からも企業がやってくる。中曽根内閣の「民活」による都心の国有地の払下げもあった。こうした要因が重なって、都心でのビル用地の買収、ビル建設の波が一気に高まる。

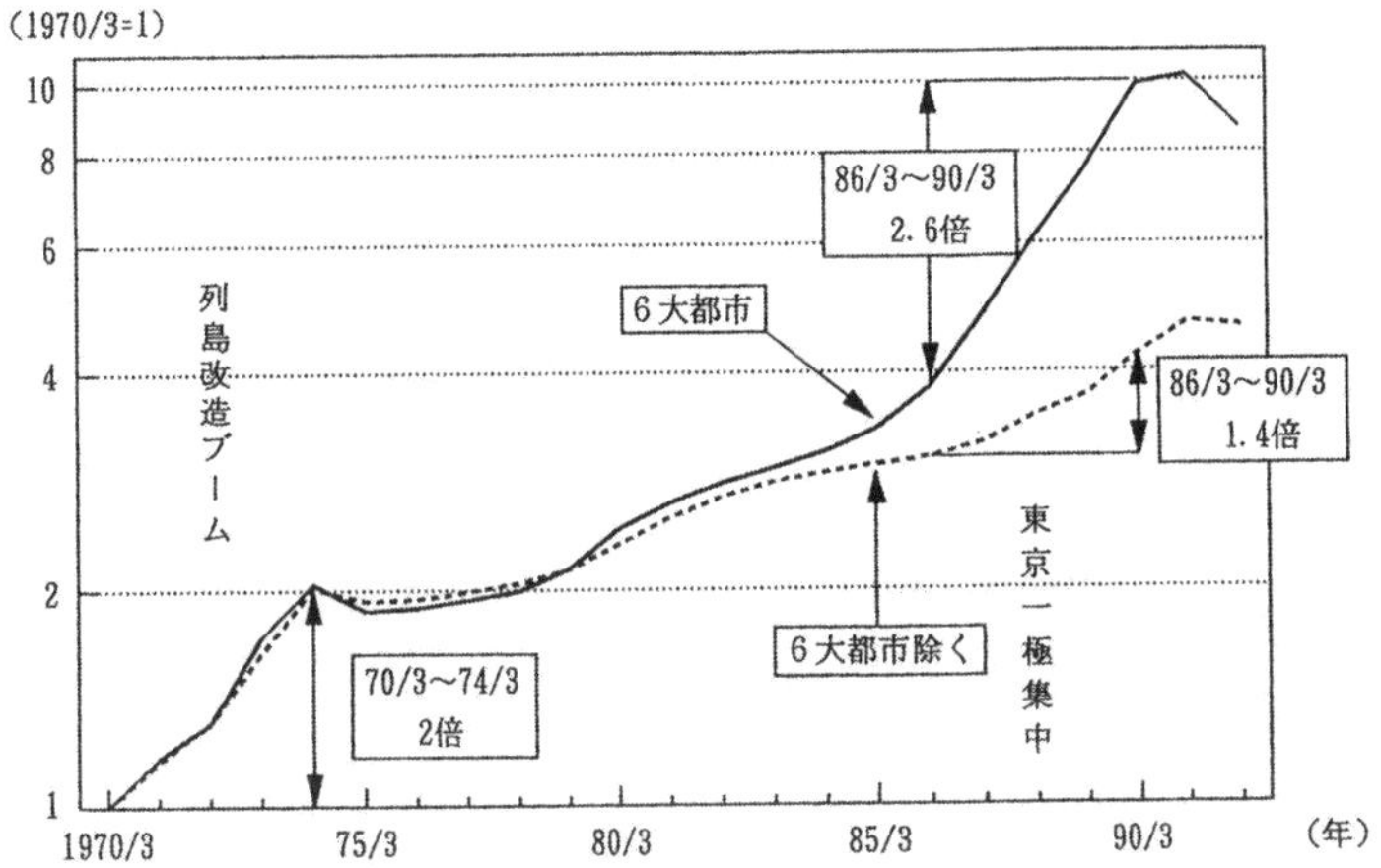

図1　地価（市街地価格指数）

銀行からすれば、まさに渡りに舟。土地・建物が担保になるから、資金を提供してもリスクはない。銀行の貸込み競争が起き、それとともに都心の地価がハネ上っていく。都心に住む者は土地を売り、環状線の沿線へ、さらにその外へと住まいを移す。これによって、都心から離れた住宅地の地価も上がっていく。そうなると、住宅地に住む者は、有効利用や節税対策として、所有する土地の上に貸しアパートや貸しマンションを建てようとする。ここでも銀行の貸込み競争が起きる。かくして、都心に端を発した地価高騰が首都圏全体にひろがっていく。

東京の地価高騰が一年かそこらのタイムラグをおいて、関西圏や地方の主要都市に飛び火していく。当時、関西には国家イベントの花博、国際空港（関空）建設や学術研究都市建設などの巨大プロジェクトがあった。それらが下地となって関西圏にも土地ブームが巻き起こり、しかも地価の上昇は東京以上に激しいものになった。

「財テク」の活発化も

資産価格の上昇は土地にとどまらず、株式をはじめあらゆる資産に広がっていく。こうした中で、企業も個人もこぞって、「財テク」に走り出す。

八五年頃までは、企業の財務部門は多くの場合、裏方的な存在で、財テクもインカム・ゲインねらいにとどまっていた。株式投資も経営安定のための持合いが中心だった。

ところが、八六年頃からは、大企業だけでなく中堅企業でも、財務部門を収益部門と位置づけ、積極的に金融収益の拡大をはかるようになってきた。本業そっちのけで投機に走る企業もあらわれる。八七年九月には、タテホ化学工業が債券先物取引で巨額の損失を出すというショッキングな出来事もあった。

それでも株取引がブームになってくると、企業は増資や転換社債・ワラント債の発行をさかんにやり出す。エクイティ・ファイナンス（株式の発行を伴う資金調達）という名の錬金術が企業の間に広がってくる。それがまた株価を押し上げる。家計もまた、八六年からの利下げによる預金利息の目減り、八八年三月のマル優制度の廃止などを背景に、資産運用を預金から株

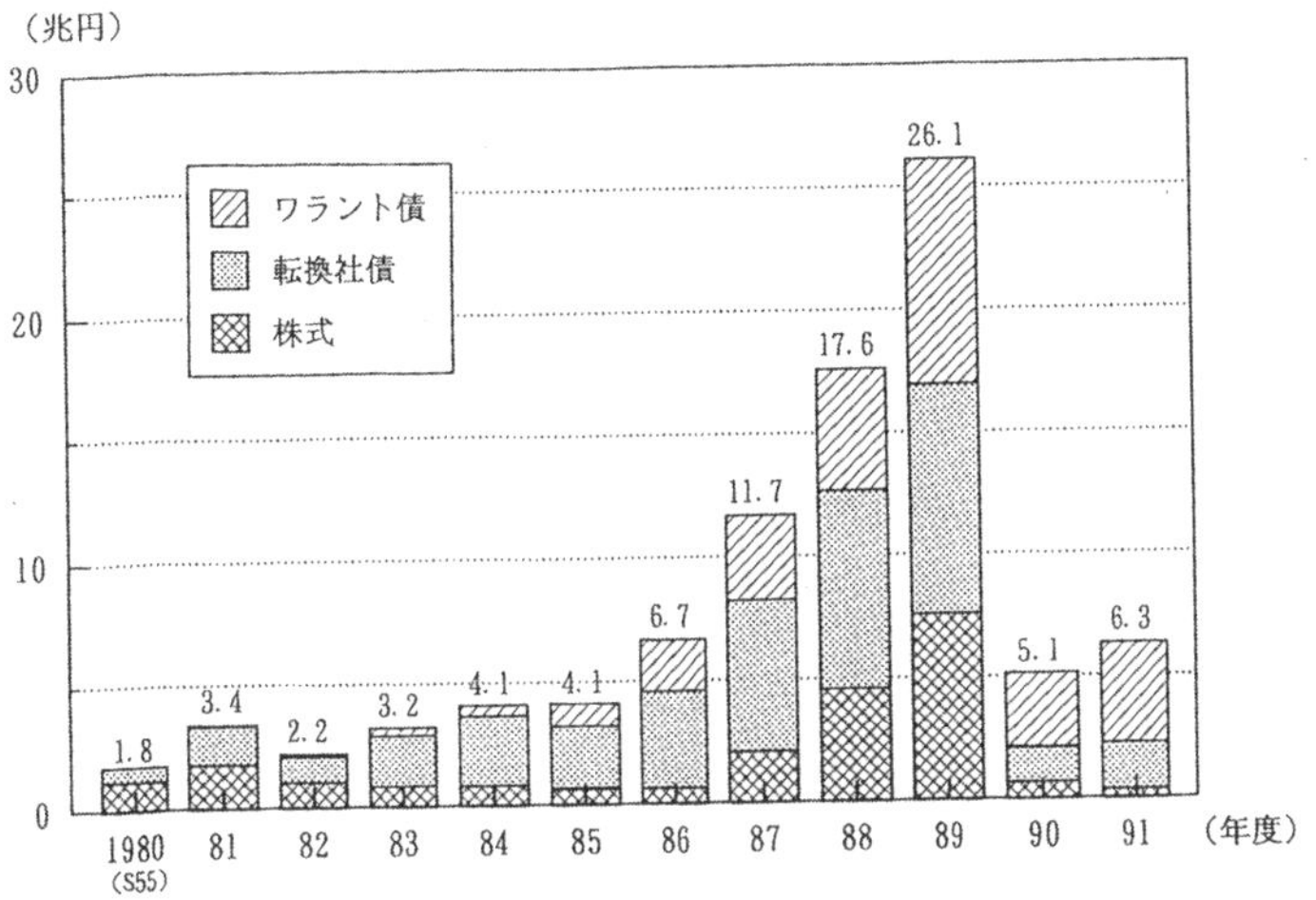

図2　エクイティ・ファイナンス

式投資へシフトする傾向を強めてくる。

こうしたなか、中曽根内閣はＮＴＴ民営化の方針に沿って、八六年十月に続き、八七年十一月と八八年十月にＮＴＴ株を放出。それがまた国民の財テク熱を煽ることになった。会社や家庭の内で財テクが公然と語られるようになり、人々は土地や株でカネ儲けすることに何のてらいもなくなってくる。かくして、おカネが土地や株など資産取引の世界で躍り出し、国内に一大バブルを生み出すことになった。

空前の好景気到来

八七年から九〇年までの四年間、日本列島は空前の好景気に沸く。その源泉となったのが、金融緩和・低金利政策の下での土地信

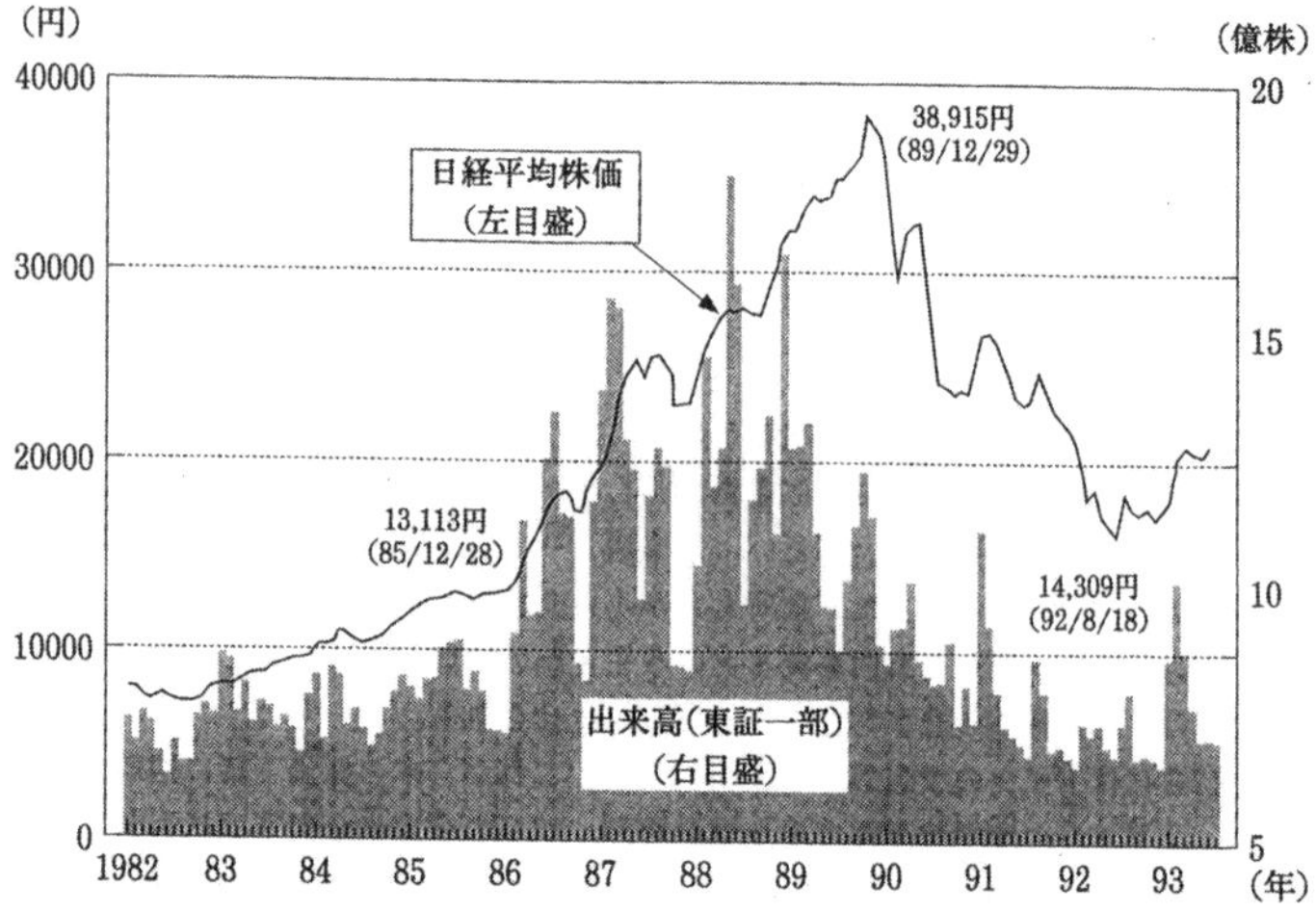

図3　日経平均株価・出来高

用の膨張――土地担保による銀行貸出の増大だった。これによって、国内は未曾有のカネ余り状態となってくる。

こうしたなか、折からの円高・原油安によるコスト効果も加わって、製造業の設備投資が活発化し、ハイテクを組み込んだ製品がぞくぞく誕生する。個人の所得が増え、住宅建築ラッシュ、高級・高額品ブームが起きる。この好景気に政府も潤う。資産関連だけで年間四兆円ぐらいの税収増、九〇年度には、前年の消費税導入もあって、念願の赤字国債発行ゼロを実現した。

土地信用の膨張による好景気は、過去にも経験があった。古くは、岩戸景気（一九五八～六一年）がそれ。当時、笠信太郎氏は、これを「花見酒」の経済といって批判した。八七〜九〇年の好景気も、その意味では花見酒の経済だった。

しかし、この空前の好景気も、九一年に入るとはっきりと陰りが出てくる。内需を盛り上げていた住宅、自動車、企業設備の落ち込みが鮮明になってきた。

金融引締めで地価反落

過去をみると、七〇年代前半の田中角栄内閣の「列島改造」の時代にも、土地ブームが起きている。それがカネ余りを増幅させ、物価を高騰させる結果になった。その二の舞だけは絶対に演じたくない、それが九〇年当時の日銀の強い思いだった。

日銀はすでに、八九年五月、十月と二度の利上げを実施。そして、十二月には、就任して間もない日銀総裁三重野康氏がインフレを懸念して、三度目の利上げの意向を示した。それに当時の大蔵大臣橋本龍太郎氏から横やりが入った。結局、利上げは実施されたが、その時、三重野総裁がいった言葉が、「地価も物価なり」だった。九〇年に入ると、金融引締めはさらに強化され、九〇年八月には公定歩合は六％まで引き上げられた。

この八〇年代後半の地価上昇は、のちに「土地バブル」と呼ばれるが、その時、地価が問題になったのは、「資産格差を拡大させている」ということだった。地価上昇の批判もそこに集まってきて、九〇年の秋口からはマスコミも地価引下げの世論形成をはじめる。実際、ＮＨＫ

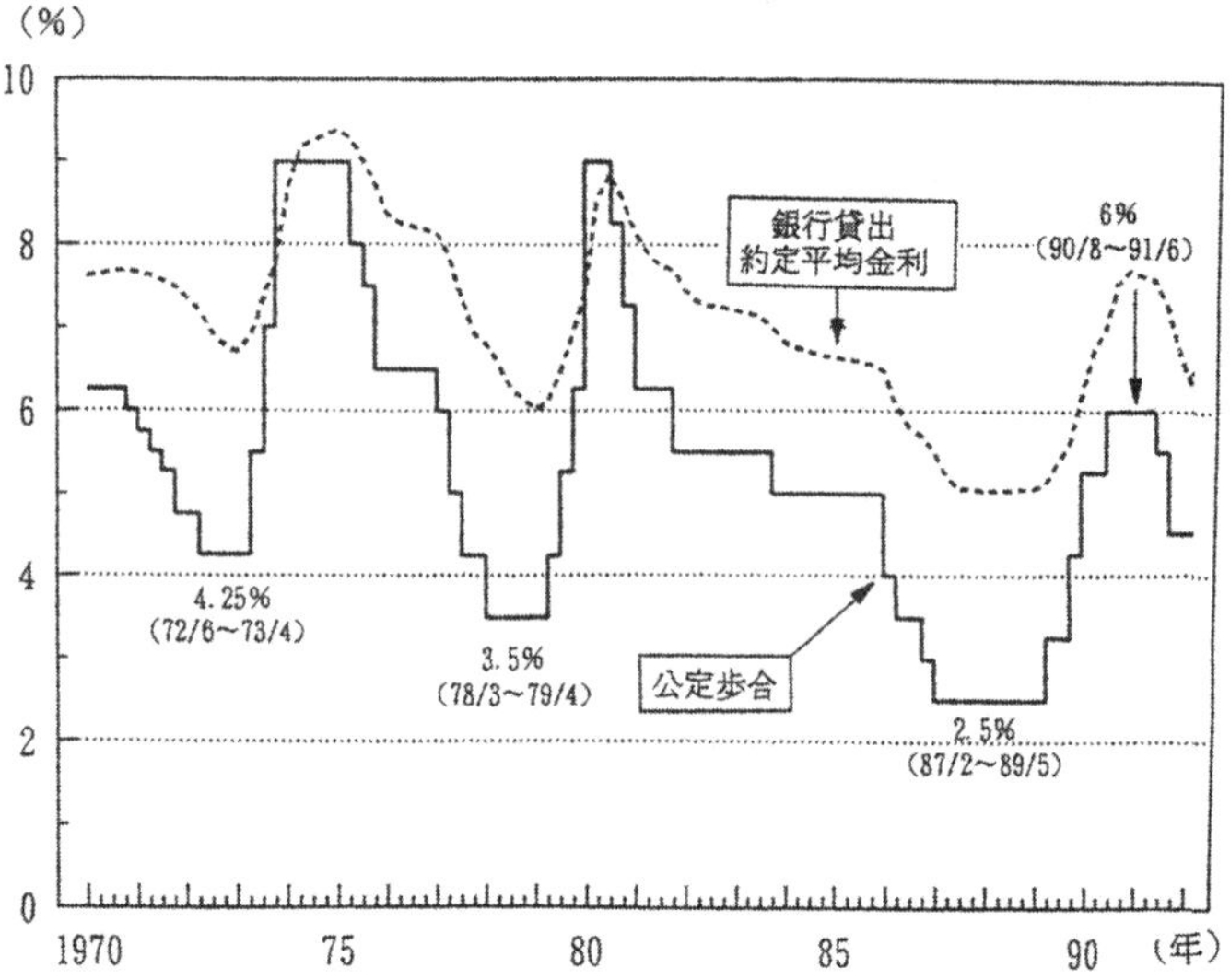

図4　公定歩合・貸出金利

は、「地価を五〇%下げられるか」と題して、五夜連続で土地神話打破の番組を流した。政府の土地政策審議会も土地神話の打破を打ち出し、地価税の導入を決めた。

こうした動きの中で、首都圏の地価の下落が顕著になってくる。九一年に入ると関西の地価も落ち込む。九一年末頃には、土地取引は極端に細り、取引価格はピーク時に比べて四〇〜五〇%も下がった。

土地の総量規制は九二年初めに解除されるが、大量の土地を抱え込んだ不動産業者は、それをさばくのに四苦八苦。手持ち不動産を売りに出しても買い叩かれた。担保とすべき土地や株も価格が落ち、企業の多くが資金調達の余力を失う。銀行も担保割れ貸出を抱え込むことになった。

地価の異常な上昇はいつの場合も抑えてしかるべきこと。だが、戦後の日本は、いうなれば、「土地本位制」の国。土地の資産価値の安定的な上昇と銀行の土地担保融資による資金供給がセットとなって、日本の経済成長を資金面から支えてきたこともまた事実。それゆえ、「地価上昇こそ諸悪の根源」とばかりに、何がなんでも引き下げようとするのは、日本経済全体からすれば、危険なことだった。地価高騰を抑えるのと地価を引き下げるのとは、経済に与えるインパクトがまったく違う。当時、そのことに国民のほとんどが気づいていなかった。

2　石油情勢の変化

イラク・ショック時も石油余剰

九〇年八月のイラク軍のクウェート侵攻で、十月には原油価格が一時、一バレル四〇ドル台に高騰。このため、国内には石油危機の再来を心配する空気が広がった。

しかし、当時の石油需給の状況からすると、原油価格が高止まりするとは考えにくく、また、三五ドル前後の価格が続いたとしても、日本にとっては吸収可能な価格水準だった。七三年の第一次石油危機時に比べて、日本の円は二倍切上り、経済規模（ＧＮＰ）は四倍に拡大している。

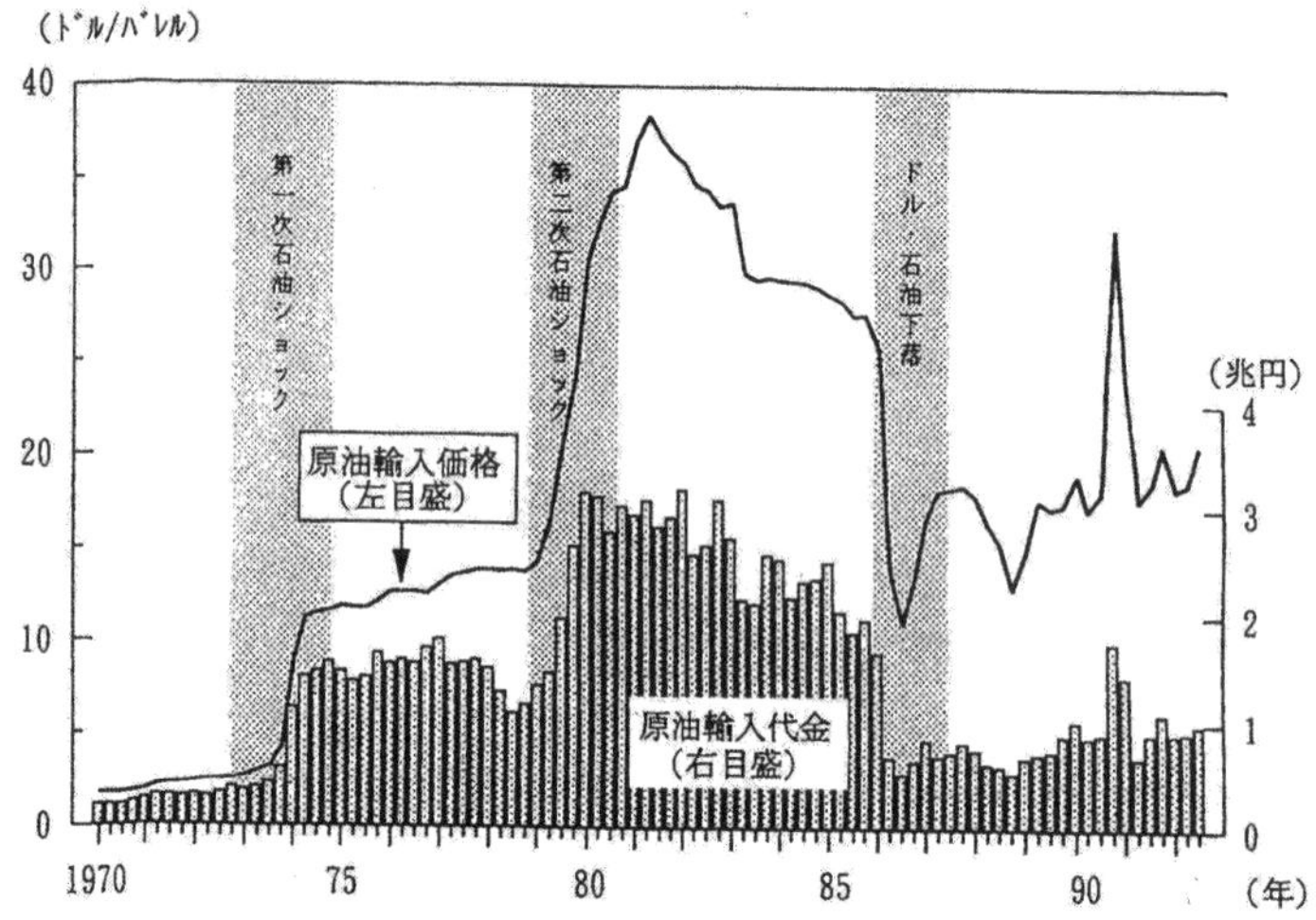

図5　原油輸入代金・原油輸入価格

七九年の第二次石油危機時も、石油需給は緩和期に入っていた。イラン革命によるイラン産原油の輸出ストップで消費国がパニック買いに走らなかったなら、原油の高騰はなかっただろう。

二月に成立したイランの革命政権は、それまで長期契約で販売していた自国産原油を全部スポット市場に放出。原油のスポット価格はまたたく間に四〇ドル台の高値をつけた。

そこで、OPECは「スポット価格が実勢価格」として、消費国に長期契約を結ばせる。この高値で石油を売りつける策略に、とりわけ石油情勢に疎い日本がのせられた。当時、不足していたのは「石油」ではなく、「石油情報」だった。だから、二年もたたないうちに、オイル・グラット(石油余剰)が表面化し、原油価格は反落した。

それでも、七九年の石油危機は世界に大きなインパクトを与えた。原油や金の高騰が資源大国のソ連を力づけ、七九年末のアフガン侵攻など軍事面の動きを強めさせる。

ソ連の脅威の高まりは、一方で、「強いアメリカ」を標ぼうするレーガン政権をアメリカに登場させた。やがて、世界の投機資金は石油・一次産品から離れ、高金利のドル金融資産に吸い寄せられていく。その結果、石油・金価格は低落して、ソ連の輸出収入は急減。それがソ連経済破たんの導火線となった。

湾岸危機が起きる数年前、イギリスのエコノミスト誌に、「貧者の贈り物」という題の一文が載った。八〇年代に享受した北の国の繁栄は、貧困にあえぐ南の国の贈り物だったというのだ。事実、石油・一次産品の価格の下落で、その分、日本や欧米諸国が潤った。

石油資源は中東に集中

九一年二月、アメリカは武力行使によってクウェートを奪回。同時に、日本中を沸かせたバブル景気も終った。この湾岸危機の時、日本はアメリカから対米同調を求められ、自衛隊の中東派遣を巡って、国論は一時、二分した。

一九七三年の石油危機の時もそうだった。七三年十一月に訪日したキッシンジャー国務長官

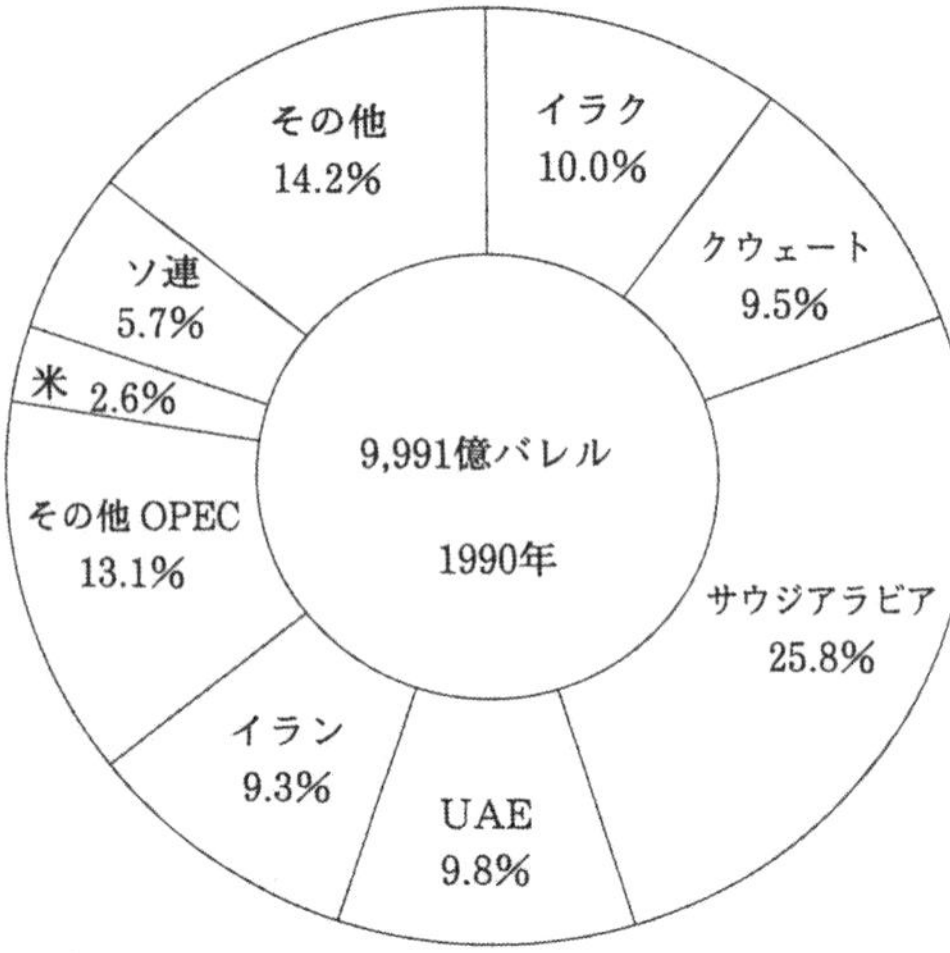

図６　世界の原油確認埋蔵量

は、アラブ寄りの外交方針を採ろうとする日本の政府首脳に対し、ユダヤ系アメリカ人を怒らせるとして、対米同調を迫った。しかし、時の総理・田中角栄氏はそれに応じず、アラブ寄りの外交方針をとることを表明する。そして、十二月には、副総理の三木武夫氏を特使に立てて、アラブ八カ国を歴訪させた。

この時、なぜ日本はアラブ寄りの姿勢をとったのか。湾岸産油国はアラブの友好国には従来どおりの石油供給を約束、一方、敵対国（アメリカとオランダ）には禁輸した。日本はアラブの敵対国でなかったので安心していたところ、石油供給の削減通知を受けた。アラブの友好国とは、アラブに軍事支援をしている国、イスラエルと国交を断絶しているか国交のない国のことだった。安心は狼狽に一転した。

石油資源は、その三分の二が中東に集中。アメリカは三％弱、ソ連でも六％弱にすぎない。日本には石油資源はない。当時、工業製品では世界最強の競争力を誇っていた日本だったが、中東からのエネルギー供給が止まれば、たちまち萎む「ひ弱な花」だった。

ペルシャ湾のせめぎ合いは、その地域に石油資源が集中していることに起因する。最初の事件は一九五二年にイランで起きた。イランのモサデク政権がイギリスの石油会社を没収。この時は、アメリカとイギリスの石油資本が手を組んで、石油輸入のボイコットをやった。その経済制裁が成功してモサデク政権は行き詰まり、親米のパーレビ国王が政治の実権を握った。そのパーレビ政権も七九年のイスラム革命で倒された。

九〇年の湾岸危機の時は、イラクとサウジは対立関係にあった。だが、サウジの王子の一人から、「アラブの兄弟にクウェートの一部をやってもいい」という言葉が出たように、中東はイスラムの世界、アラブの兄弟の世界。そこへ日本が派兵していたら、どうなっていたか。「目には目を」はイスラムの戒律、誰もが知っている。

それはともかく、九一年の湾岸戦争は、アメリカの圧倒的な武力行使の前にイラクの全面降伏となって終結。しかし、それでイスラムとの戦争は終わったことにはならない。中東湾岸地域には、今も膨大な石油資源が眠っている。

3　ドル情勢の変化

止まらぬアメリカの財政赤字

八九年十一月の「ベルリンの壁」崩壊を見て、「社会主義は敗北した、資本主義の勝利だ」と快哉を叫んだが、本当に資本主義は勝利したのだろうか。

ソ連経済を破たんに導いた主たる原因は、国家信用の膨張――国家によるルーブル紙幣の増刷とそれによる財政支出の膨張があった。しかも、軍事産業に偏重した経済体制だったから、国家・国営企業には、国家信用で膨れ上がったルーブルに見合うだけの消費物資を国民に供給する能力がなかった。その上、ルーブルは共産圏の外では通用しない通貨。ソ連経済は回らなくなり、破たんの憂き目をみた。

では、資本主義の総本山・アメリカの経済はどうだったか。八〇年代のアメリカは、レーガン政権の「強いアメリカ」の下に、国家財政を拡大させ、国内に過剰の購買力を提供した。ドルはルーブルと違って国際通貨として通用したから、国内の過剰需要は海外製品によって満たされる。それがアメリカ国民を豊かな気分にさせ、八四年には、アメリカン・ドリームの再現と見まがうほど国内を活気づけた。だが、アメリカの財政赤字と貿易赤字は急膨張。レーガン

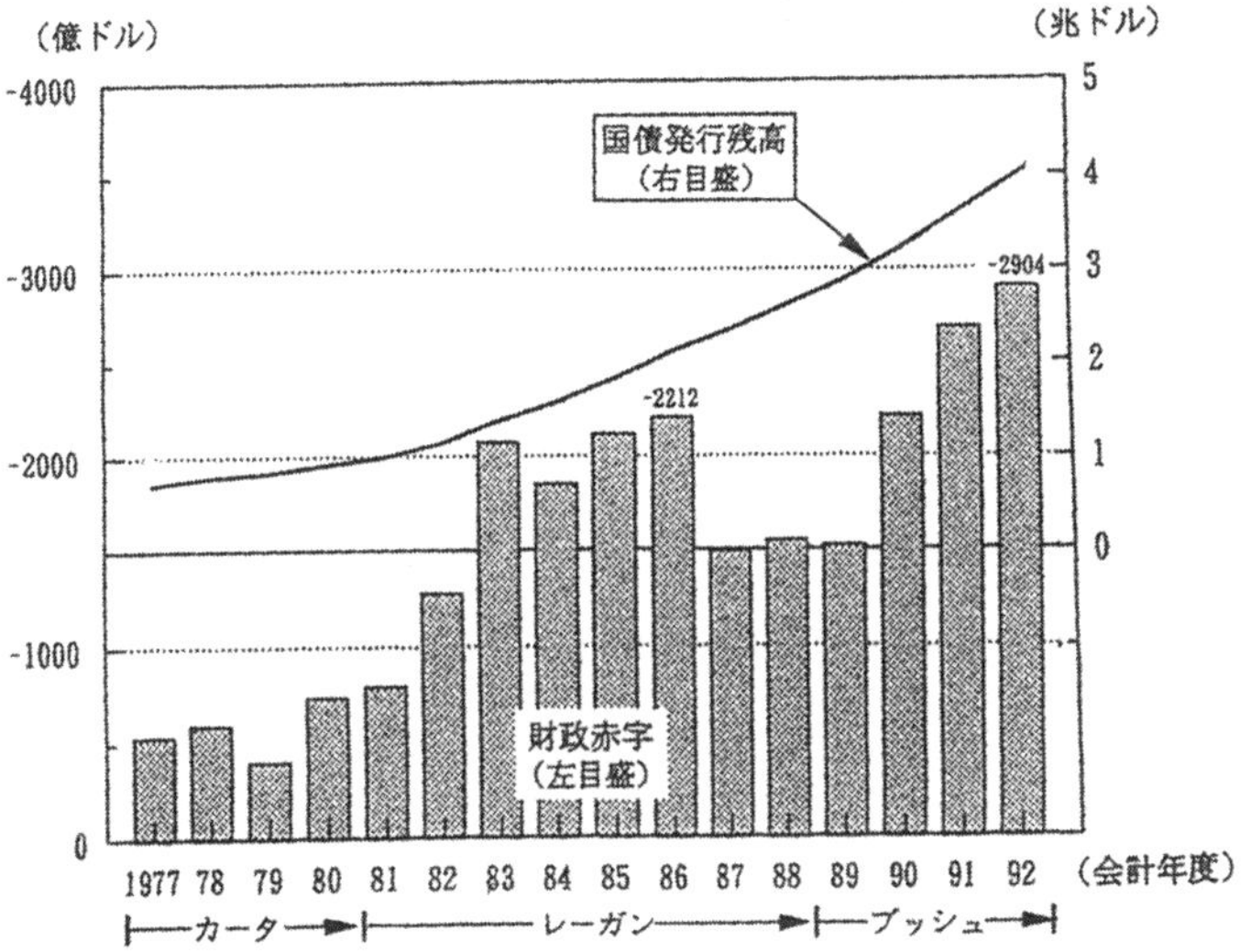

図7　米国の財政赤字

の「双子の赤字」の誕生となった。

八九年一月、後を継いだブッシュ政権も財政赤字の削減には熱意を示さなかった。フレキシブル・フリーズ（歳出の柔軟な凍結）といって、「無策の策」を決め込む。このため、アメリカ連邦政府の財政赤字は再膨張。九〇会計年度（八九年十月〜九〇年九月）は最終的には二二一四億ドルの赤字になったが、八月の時点では二四〇〇億ドルを突破していた。

十月末に議会の合意を取り付けたブッシュの財政再建策（向う五年間で五〇〇〇億ドルの赤字削減）も、当座をつくろう数字合わせ。歳出削減策を講じなければ、九一会計年度は赤字が三〇〇〇億ドルを超える。計画通りの赤字削減ができたとしても、なお二五〇〇億ドルを超える赤字が出る。これはレーガンの時代のそれをも上回る。先を見ても、破たんしたS&L（貯蓄貸付組合）の救済、麻薬撲滅、環境保護と赤字材料が目白押し。中東では月一〇億ドルの軍事費を使っている。財政赤字の膨張が止まらないとなると、ドルの下落は避けられない。

ドルは現在、国際通貨として通用している。だが、ドルがドルであるゆえに国際通貨になったのではない。アメリカが第二次大戦後、ドルと金の交換（金一オンス＝三五ドル）を約束した国際通貨体制（IMF体制）をつくったからその地位を得たのだ。

しかし、アメリカが貿易赤字国に転落すると、「金交換」を一方的に停止する。それが七一年八月のニクソン大統領の「特別声明」だった。そのあと、対外的にもペーパー・マネー（負債通貨）となったドルを国際的な決済手段として通用させるために、新たなドル・システム（ドル本位制）を築いていく。

再燃するドル不安

G5・ルーブル合意後、しばらく安定を保っていたドルが、九〇年夏から下落傾向を強めてくる。湾岸危機による原油値上がりも、ドル下落を止める働きはしなかった。

九月になると、ドルは、一ドル・一三〇円のラインを割り込み、対マルクや、対スイス・フランでは最安値圏に入る。背景にはアメリカの対外債務残高の累増があり、八九年末には外国の政府・民間投資家が保有するドル証券の残高は八九〇〇億ドルに達していた。

この局面で、アメリカ経済の悪化が進めば、海外からのアメリカへの資金流入が細るだけでなく、アメリカからの資金流出が起きてくる。日本の機関投資家は、すでにドル債投資に消極的になっていた。

八〇年代前半、ソ連の脅威の高まりで、欧州からアメリカへ資金逃避が起き、ドルがマルクなど欧州通貨に対して大幅上昇したことがあった。だが、陣営としての東西対立がなくなったこの時期、有事に強いドルは通用しなくなっていた。

通貨の「強い・弱い」と為替の「高い・安い」とは同じことではない。世界最大の貿易赤字・対外純債務国のアメリカのドルは強い通貨ではない。弱い通貨のドルが為替市場で高くなるのは、ドル・システムがうまく機能いているときだけ。だから、アメリカへの資金還流が円滑に進まなくなったときには、ドルの持つ本質的な弱さが顕在化する。すなわち、ドルの下落ということ。

九〇年十月、ＥＭＳ（欧州通貨制度）に加盟したポンドがマルクに対して早くも下落傾向をみせた。ポンドの下落が続けば、弱い通貨のドルが巻き添えを食って下落する。これは過去にも経験している。

細るジャパン・マネー

九〇年までの数年間、日本から年間一〇〇〇〜二〇〇〇億ドルの資金――いわゆる「ジャパン・マネー」が海外に供給され、外国の資金不足をファイナンスしてきた。

しかし、九〇年入り後、日本は、地価抑制のための金融引締めを強化。その上、日本の銀行にも、ＢＩＳ規制（自己資本比率による貸出規制）という新たな枷がかけられる。自己資本を増やさなければ、銀行は貸出を増やせなくなった。

当時の国際決済銀行（ＢＩＳ）事務局長は、「ＢＩＳ基準達成のために日本の貸出抑制が国際的なクレジット・クランチ（信用収縮）を招くおそれがある。日本の地価が下落すれば、抑制傾向はさらに強まるだろう。過去数年間、国際金融市場での貸出増加額の約半分が日本の銀行による融資だった。これを考えると、貸出抑制の意味は重大だ」と述べている。

一九三〇年当時は、覇権国のイギリスが経済衰退期に入り、敗戦国のドイツは賠償問題に追われる。一方、黒字国のアメリカは内向きの政策に傾斜。この結果、国際的な資金移動が縮小し、世界貿易は停滞。ついには世界的な大不況を招くに至った。

九〇年の世界はどうか。日本とドイツが黒字国、覇権国のアメリカは経済停滞に陥り、ソ連・東欧の経済はすでに破たん。六〇年前の事態の再来も否定し切れなかった。社会主義は七〇年たってひとつの結末をみせた。資本主義も九〇年代のいつかの時点でひとつの結末をみせるのではないか。そんな危惧の念が当時、脳裏をよぎった。

II

資産デフレの時代

1991～1992年

一九九一〜九三年にかけて、日本は戦後初めて地価・株価の同時・大幅下落に見舞われた。この資産価値の大幅目減りが国内に未曾有の不況をもたらしただけでなく、金融システムにも大打撃を与えた。過去の不況局面では不況業種に資金支援をしてきた銀行が、土地バブル崩壊後は銀行自体が資金支援を必要とする業種となった。

1　株価下落のインパクト

二万円を割る株価

九一年八月のロシアでのクーデター騒ぎがあった頃から、企業の売上げの伸び悩みが目立ってきた。だが、国内はまだ、「イザナギ景気を抜くか、抜かないか」といった楽観ムードに支配されていたから、景気の変調を気にとめなかった。政府もさかんに楽観論を振りまいていた。ところが、九二年三月、株価が二万円を割るというまさかの事態が起こり、実体経済の悪さをあらためて実感させられることになった。

七月十七日にはドイツの予想外の利上げがあり、日本の株価下落に拍車をかけた。七月二六日の参議院選挙での与党の勝利、二七日の公定歩合引下げにも株価は全く反応せず、下げ続けた。八月十一日には一万五〇〇〇円を割り、十八日にはバブル崩壊後の最安値一万四三〇九円をつけた。八九年末のピーク時の三万八九一五円からすると、実に六三％もの下落だった。

そこで八月末、政府は株価対策を含めた一〇兆円超の総合経済対策を発表。これによって、二年八カ月にわたる株価の下落にようやく歯止めがかかった。

昭和四十年の「証券不況」

株価下落を伴った不況は、それ以前にも経験している。一九六〇年代前半、「投資が投資を呼ぶ」とはやされたように、民間企業の設備投資がすごく盛り上がった時期があった。鉄鋼や化学など重化学工業の分野で大規模な投資がなされ、それが「岩戸景気」と呼ばれる好景気を生み出した。

だが、投資が一巡すると反動が起きる。それが戦後最大の不況——「証券不況」とも呼ばれた昭和四十年（一九六五年）の不況だった。サンウェーブや山陽特殊鋼など大型倒産が多発。株価も、一九六一年七月の一八二九円が六五年七月には一〇二〇円と四年間に四〇％以上も下落。証券市場は危機的な状況に陥った。

当時、政府・日銀がとった株価対策として注目を集めたのが、大規模な日銀資金の投入だった。六四年一月には、日本共同証券（銀行・証券の共同出資による株式買上げ機関）がつくられ、そこに日銀が資金供給をした。

また、六五年一月には、政府の指導で四大証券がつくった日本証券保有組合に、日銀が日本証券金融を通じて資金供給、さらに大手証券に株式の買支え資金を提供した。そして、六五年五月、日銀法二五条による「特別融資」が発動され、当時の山一証券に二八二億円、大井証券に五三億円の資金が供給された。時の大蔵大臣・田中角栄氏がその手腕でもって、表向き「無担保・無制限」という異例の日銀特融をやらせた。

六五年度の国家予算が三兆七千億円の規模だった時代に、日銀が証券市場に注入した資金の総額は、特融を含めて約五〇〇〇億円。これが証券危機をのり越える上で大きな効果があった。

六五年には、実体経済においても二つの注目すべき変化があった。その一つが、国債発行政策の採用。一九四九年以来堅持してきた一般会計の「均衡予算主義」が放棄され、六六年度以降、建設国債の発行が財源として政府予算に組み込まれることになった。時の大蔵大臣は自称ケインジアンの福田赳夫氏だった。

政府が国債発行という形で借金を重ね、それを財政支出として放出すれば、それだけ市中のカネ回りはよくなる。だから、産業界にすれば、まさに「干天の慈雨」だった。

もう一つは、貿易黒字の定着化。六五年二月からアメリカがベトナム戦争に本格介入（北爆開始）。これを機に、日本の輸出が一気に増大する。

日本の貿易収支が黒字に転じたのは前年の六四年だったが、六五年には黒字額が一挙に一九億ドル（約七〇〇〇億円）に拡大。当時の日本の名目GNPが三二兆円だったから、その額は、GNPの二%に相当する。以降、日本の貿易黒字は拡大の一途をたどる。

この国債の増発と輸出の増大が車の両輪となって、日本は戦後最悪の不況を脱出。民間企業は活力を取り戻し、六五年十一月から七〇年七月まで五七カ月にわたる戦後最長の好景気――「イザナギ景気」を享受した。

一九三〇年代のアメリカの「大不況」

株価下落を伴った不況の典型が一九三〇年代のアメリカの「大不況」。これに先立つ二〇年代は、アメリカの「黄金の二〇年代」と呼ばれているように、世界の穀倉、世界の工場となるまでの輸出大国になっていた。

しかも、一九二〇年代は各国が金本位制に復帰してきた時期だったから、輸出超過が続くアメリカに世界中の金が流れ込んできた。それが銀行信用を拡大させ、国内は未曽有のカネ余り状態となった。そのカネが海外投資やウォール街（ニューヨーク株式市場）への投資に向かった。

また、大戦を契機として、アメリカ国内に技術革新の波が高まり、次々と新しい産業が勃興。自動車生産が本格化し、アメリカ社会に一大自動車ブームを巻き起こす一方、ラジオ、洗濯機、冷蔵庫、アイロンなど家電製品が続々登場した。住宅ブームに続いて、大都市では高層ビルの建設ラッシュが起きる。雇用が広がり、所得が増え、ブームがブームを呼ぶ状況となった。

かくして、アメリカは世界一豊かな国となり、未曾有の繁栄を謳歌。その繁栄の絶頂で、ウォール街の大暴落に見舞われる。一九二九年九月に三八一ドルをつけたNY株価（ダウ平均）は三年後の三二年七月には四一ドルまで落ち、株式は紙切れ同然となった。その時期に世界一高いエンパイアステートビルが完成するとは、まことに印象的なことだった。

ウォール街大暴落のあと、アメリカは四人に一人が失業という大不況に陥った。しかも、不況はアメリカだけにとどまらず、欧州をはじめ世界中に波及。それがドイツでナチスの台頭を許し、日本で軍部を暴走させた。

この渦中にいた人物が、一九二九年三月に就任した共和党のフーバー大統領。彼は、三二年の大統領選挙で民主党のルーズベルトに惨敗するまでの四年間、不況への施策はほとんど何もやらなかった。均衡財政主義や民間の経済活動への不介入といったアメリカの伝統的な考え方に支配されていたからだった。

これに対して、民主党のルーズベルトは大統領に就任後、金本位制からの完全離脱のための法律や、銀行業規制の法律など矢継ぎ早に改革立法を成立させた。また、失業救済や公共事業のために財政支出を拡大させた。そのシンボルとなったのが、あの有名なテネシー渓谷開発公社（TVA）。そして三五年八月、ルーズベルト大統領は高所得者からの非難を浴びながらも、最高税率の引上げを断行した。アメリカ国民の五％がアメリカ全体の可処分所得の三五％を占めるとし、それを大不況の原因とみなしての増税だった。

こうしたルーズベルトの施策はニューディール（新規まき直し）政策として、今日でも世界中で高く評価されているが、彼の財政政策も最初は、必ずしも均衡財政主義の領域を出るものではなかった。それがケインズ的発想――需要創出効果をねらったものになるのは、三七年に襲ってきた「リセション（景気の大停滞）」以降のこと。

これを境に、ルーズベルトは、財政支出の拡大――いわゆるスペンディング政策を展開。その効果があらわれて、アメリカ経済はかなりのレベルまで復調した。しかし、結局のところ、アメリカの大不況、それに端を発した「世界大不況」を完全に終息させたのは、第二次世界大戦（一九三九～四五年）だった。

一九八〇年代後半、日本もまた未曾有の繁栄を謳歌。誰もが、もう日本には不況は来ない、株価はずっと上がり続ける、という超楽観ムードに浸っていた。まさにその絶頂で株価の崩落に見舞われる。やはり「歴史は繰り返す」だったのか。

銀行のビヘイビアにも問題

話を戻すと、九二〜九三年の「金融不況」の直接的な原因は、九一〜九二年の土地バブルの崩壊にあったが、根元は八〇年代後半に起きた企業部門の借金の異常膨張――裏返せば、銀行貸出の異常膨張にあった。

バブルが始まる八六年三月末の法人企業の借金は、全金融機関借入残高で三五〇兆円だったが、バブルの崩壊する九一年三月末には五五〇兆円と一・六倍近くに膨らんでいる。全国銀行の貸出残高を見ても、不動産・建設・ノンバンクの三業種を中心に、五年間で一・八倍も増えている。その中には、財テクや無謀な土地開発投資に費やされたものが多く、当時の銀行のビヘイビアにも問題があった。

九二年八月末に政府が打ち出した総合経済対策には、金融システムの安定化策が盛り込まれた。地価下落によって発生した銀行の不良資産の処理に関するもので、宮沢首相は当時、銀行の担保不動産の買上げに言及した。地方自治体による公共用地の先行取得、金融機関による自前の土地買上げ機関の設立などの案もあった。

しかし、土地買上げ案は尻すぼみになり、結局、実現しなかった。それに替ってできたのが、民間銀行の共同出資による不良債権買上げ会社（共同債権買取機構）だった。九三年一月に設立され、三月から営業開始。銀行がそこに売却した不良債権は、九三年中に一兆円を優に超え

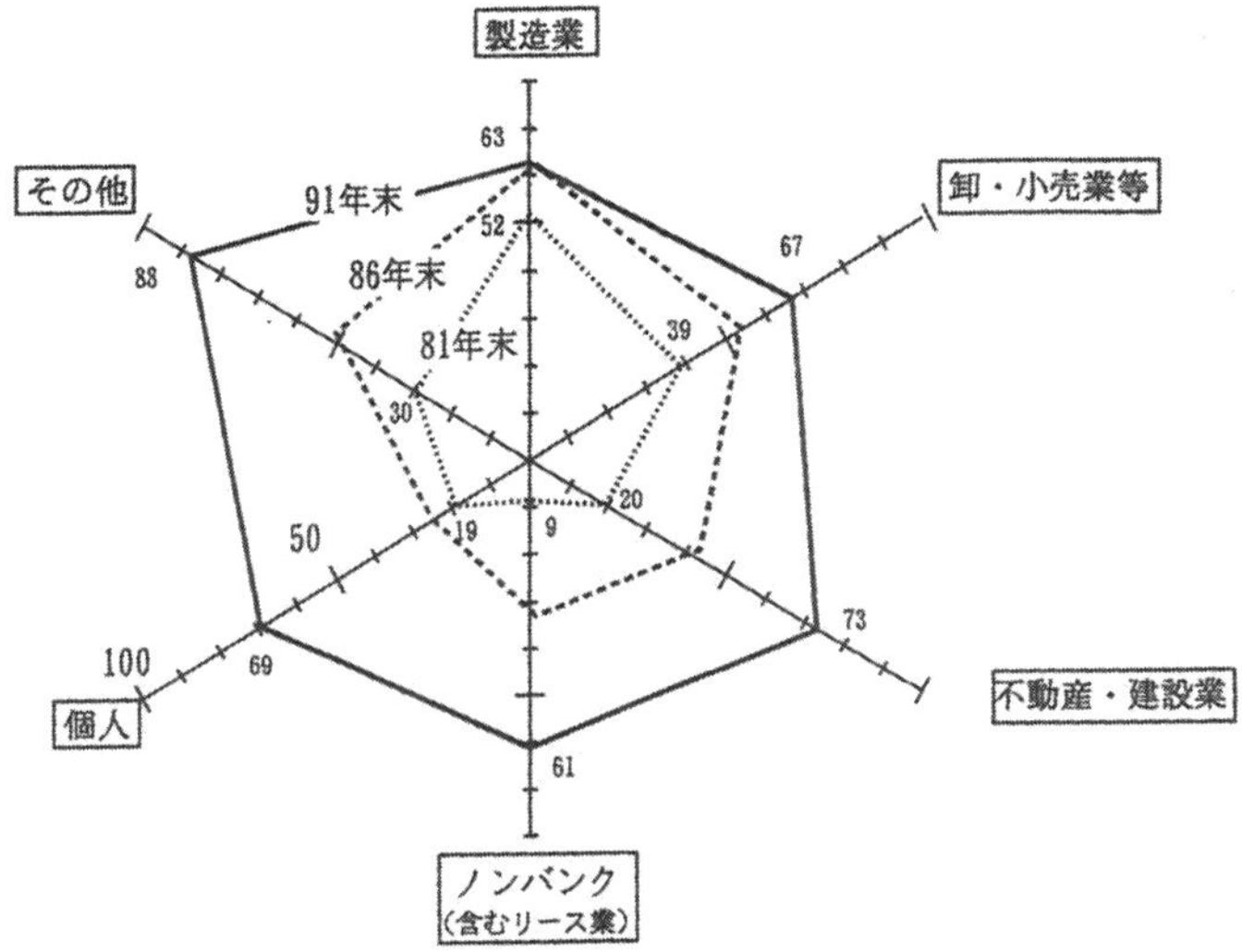

図８　全国銀行分野別貸出残高（単位：兆円）

たが、担保になっている不動産はほとんど売却されず、塩漬けになった。

資本主義は貸借経済

資本主義は、マクロの視点で見れば、「腹式簿記の原理」で成り立っている貸借経済。家計が稼いだ所得も企業が儲けた利益も、それは誰かの借金（負債）――誰かが金融資産を増せば、その分、誰かが借金を増やすか、預金を減らすかしている。これがまさに資本主義経済の本質で、借金の輪が広がり続けていかないと立ち行かなくなる。逆にいえば、国の経済を破たんさせないためには、誰かに借金を増やしてもらう必要がある。

マクロの視点でいえば、その一つが国債

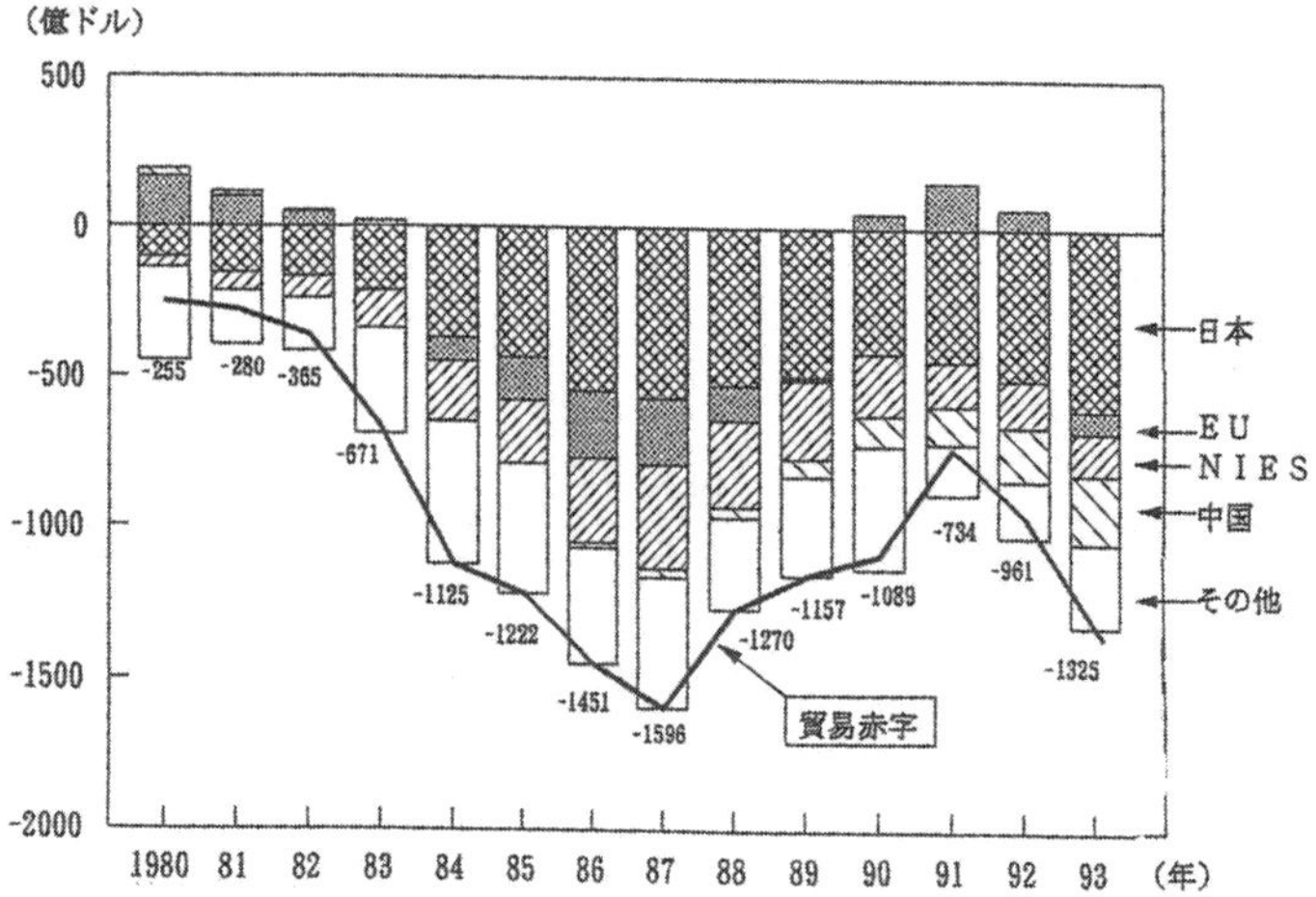

図9　米国の貿易赤字

の増発。政府部門がそれで得た資金を財政支出として、民間部門に供給する。九二年八月末の政府の総合経済対策に盛り込まれた公共投資の拡大は、それを実際に実行に移そうとしたもの。この不況局面では、国債増発による公共投資の拡大が必ずしも悪いとは言えない。

二つ目が輸出の促進。貿易取引も貸借で成り立っている。つまり、貿易で黒字を出すということは、その分、他の国が負債を負っているということ。これで、自国の所得は増え、国内のカネ回りはよくなる。八〇年代初め、日本経済が石油ショックからいち早く立ち直れたのも輸出の増大、つまりはアメリカの輸入の拡大によるものだった。

だが、九二年当時は、アメリカ向けの輸出を増やせる状況にはなかった。九一年のアメリカはマイナス成長。九二年一月に、ブッシュ大統領と政府一行がアメリカ財界のトップを連れて来日したのも、不況脱出の手がかりがほしかったからだった。

事実、来日した当時の商務長官モスバッカーは、「アメリカの貿易赤字のうち、六〇％が対日赤字で、そのうち七五％が自動車・自動車部品の赤字だ」と不満を表明。この交渉の中で、アメリカは日本に自動車・同部品の購入を約束させ、アメリカ向け自動車輸出の自主規制枠も、それまでの二三〇万台から一六五万台に減らすことに合意させた。

一方、近隣のアジア諸国は近年の内外からの活発な資本投資によって、所得水準が急上昇。だから、アジア向けに輸出を増やしていく余地は十分あり、当時、日本の企業はすでにその方向に動いていた。ちなみに、日本の輸出は、九〇年からアジア向けがアメリカ向けを上回っている。

三つ目は、設備投資の喚起。資本主義の活力の源泉は、企業部門のイノベーション（技術革新）。その資金を提供していくのが銀行の本来の役目。四つ目は住宅投資の促進。しかし当時は、企業や家計の投資意欲は委縮、銀行も土地担保・不良債権問題を抱え、身動きがとれないでいた。

2　デフレ不況の様相

伸びない通貨供給量

一九七〇～八〇年代にも、日本は二度の不況を経験するが、それはもっぱら外的要因よって引き起こされたものだった。しかし、九二～九三年の不況は、その要因が異なる。

七四年の不況では、日本はマイナス成長・物価高騰・国際収支悪化というトリレンマ（三重苦）に陥った。ＯＰＥＣ（石油輸出国機構）による原油の四倍値上げで、国内の所得（購買力）が産油国に奪われたから。しかし、日本は輸出競争力を強化させ、貿易黒字を増大させることによって、失った所得以上に海外の国の所得を取り込むことができた。

八六年の不況は、貿易赤字に苦しむアメリカが起こしたドルの切下げ（レートダウン）によるものだった。国内では「円高不況」と騒がれたように、八六年中に円相場は六〇％以上も切り上がり、日本の輸出額は前年比で七兆円も減少。輸出企業は大きな打撃を受けた。

その一方、輸入額は、折からの原油値下りも加わって、前年比で一〇兆円も減少。これでもって、国内の企業に広く低コスト化が進んでいく。円高はまた、日銀の低金利政策を引き出し、八七～九〇年には「バブル景気」を生み出すことになる。

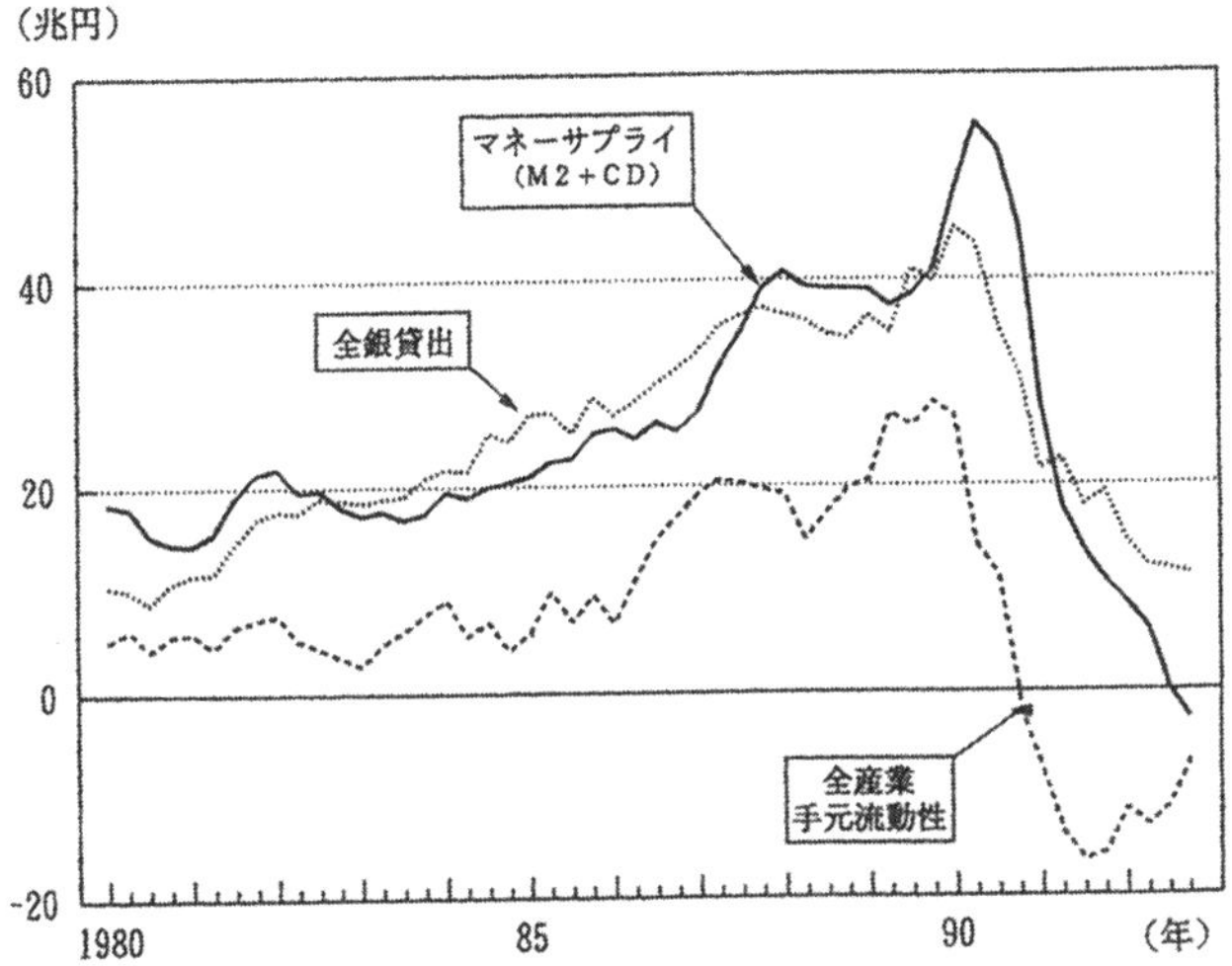

図10　マネーサプライ・手元流動性・全銀貸出増減額（対前年同期比）

しかし、九二〜九三年の不況は、資産価値の大幅下落（資産デフレ）に起因。しかも、一九六五年の「証券不況」の時のような株価下落だけでなく、地価の大幅下落という過去に例のない事態が起きている。これが銀行貸出の停滞、通貨供給量（マネーサプライ）の伸び鈍化につながり、九三年には、通貨供給量が減少するという状況になった。「金融不況」と呼ぶほかない。

通貨供給量の伸びがゼロということは、マクロの視点からすると、国内の経済取引が「ゼロ・サムゲーム」の世界にあるということ。戦後の日本経済は「プラス・サム」の世界の中を進んできた。

とりわけバブル期にあっては、銀行貸出が2ケタの伸びを見せ、通貨供給量の伸びは毎年一〇％を超え、いわゆる「カネ余り」をつくり出した。だから、企業の利益が増え、同時に家計の所得も増えた。ゼロ・サムの世界になると、誰かの所得が増えると、誰かの所得が減る。

企業は売上げが落ちても、バブル期につくった借金の返済は残る。人件費もいきなり減らすわけにはいかない。となると、手元資金を取り崩していかざるを得ない。家計のほうも、稼ぎを使おうとしない。ゆえに、企業の売上げが減り、不況が進む。

政府は九二年八月に続き、九三年四月にも一三兆円超規模の総合経済対策を打ち出し、国債増発による財政支出を増やした。それでも、通貨供給量は増えず、九三年度のＧＤＰ（国内総生産）は、ほとんどゼロ成長。実体経済は、戦後には経験のない「デフレ不況」の様相を見せた。

土地神話の終えん

金融不況の原因に日銀の政策ミスが上げられる。八九年十二月から地価抑制をねらう利上げを相次いで実施。九〇年八月には、公定歩合を六％まで引き上げ、それを九一年七月まで一年近く堅持した。

これによって銀行貸出が抑制され、それに伴い通貨供給量の増加にブレーキがかかる。不動産取引は急減し、東京や大阪など大都市圏の地価はピーク時の半値以下に急落。この結果、銀行は担保割れの不動産を大量に抱え込み、不良債権を累増させることになった。

こうした事態を見て、日銀は、九二年十二月までの一年半の間に公定歩合を五回引き下げた。九三年二月には六回目の利下げが行われ、公定歩合は再びバブル期と同じ水準の二・五%となる。九月には、それを一・七五%に下げ、戦後は例がない低金利を出現させた。それでも地価の反転上昇は起きなかった。

振り返ると、「奇跡」といわれた戦後の日本の経済成長は、池田・田中両内閣の時代に敷かれた日本独特の土地システム、いうなれば「土地本位制」の産物だった。

一九六〇年に池田勇人首相が「所得倍増計画」を、七二年には田中角栄首相が「列島改造計画」を打ち出し、道路整備を中心とした公共事業を拡大させた。田中角栄氏などは、「田んぼの真ん中に道路を一本つくれば地価は二倍になる、二本つくれば四倍になる」と公然と訴えたほど。

こうして日本の国土開発が進むに伴い、地価は右肩上がりの上昇を続け、それとともに、銀行部門から企業部門への資金供給が円滑に進んだ。そのシステムが地価の大幅下落で壊れた以上、日銀がいくら政策金利を下げても、八〇年代後半のような銀行部門からの資金供給は進まない。まさに三つの神話——土地神話・銀行不倒神話・成長神話の終えんだった。

バブルが残したツケ

八七〜九〇年のバブル期の「消費ブーム」は、実は、カサ上げされた消費者の購買力によってもたらされた。消費者が新しく購買力を得る方法として、一つには働いて稼ぐ本来の所得がある。二つ目は、地価とか株価の値上がりによって得たキャピタルゲイン。これが、いわゆる「資産効果」として消費を押し上げる働きをした。三つ目が消費者信用を利用した借金。これは、いうなれば将来の所得の先食い。

銀行の消費者金融に限ってみても、八六年末には三兆円にも満たなかった残高が九一年末には二〇兆円に膨らみ、その中で、カードローン残高が六千億円から七兆六千億円に増えている。こうした消費者信用の膨張が消費者の購買力をさらにカサ上げした。

問題は、このカサ上げされた消費水準がずっと続くと思い込んで、企業が膨大な設備投資をやったこと。このバブル期の「投資ブーム」は高度成長時代を思わせるほどだった。実際、八八〜九〇年の三年間、民間企業の設備投資は2ケタの伸びをみせ、九〇年にはＧＤＰに占めるウエイトが二〇％まで高まっている。

しかし、金融引締めからバブル崩壊に至るプロセスの中で、家計部門の消費意欲が急速に萎んできた。この結果、企業部門に過剰設備、不採算設備という大きなしこりが生じる。まさにバブルの残したツケだった。

行き過ぎた設備投資はまた、企業に新たな問題を抱え込ませた。一つは、エクイティ・ファイナンス（株式の発行を伴う資金調達）の償還の問題――株価の右肩上がりがずっと続くとみて、この方法を使った企業の資金調達がブームになったが、株価下落によって計画通りの株式転換ができず、それが負担としてハネ返ってきた。

株式に転換できた企業でも、その資金を銀行借入の返済に充てた企業は別として、採算に合わない設備投資や開発投資をやったり、株式投資など財テクに回したりした企業も多かった。それが企業を身動きのとれない状態にした。

二つ目は、設備投資の償却負担の問題。資本を投下した設備が完成しても、増強された供給力に見合うだけの需要がなければ、償却コストの負担だけが残る。これで企業収益が大きく圧迫された。三つ目は、過剰雇用の問題。企業設備が増えれば雇用も増える。当時は、設備投資は人を減らすための省力化投資が中心と喧伝されていたが、逆に、雇用は大幅に増加した。

ちなみに、雇用者数をみると、八一～八六年の五年間は三四〇万人の増加だったが、八七～九一年の五年間は五七〇万人の増加となっている。これがバブル崩壊とともに、企業の大きなコスト負担となってハネ返ってきた。

九二年頃から、企業の多くが国内、海外双方において不採算投資を整理しようとする動きをみせはじめた。企業が投資を削減・整理していくとなると、必然的に雇用や給与が減らされ、消費者の本来的な購買力まで失われてくる。企業の売上げはもっと落ち、投資はさらに縮小する悪循環となり、不況が深化するのは明らかだった。

この時期を境に、生き残る企業と淘汰される企業とがはっきりしてくる。寡占化も進む。マクロの視点で見れば、デフレを深化させることになるが、企業にはコスト競争に耐え抜いていく以外に道はなくなっていた。

岐路に立つ日本経済

世界をみると、九〇年代入り後、ソ連の崩壊など歴史的ともいえる激動が続き、ユーゴなど世界の各地で紛争が多発。その背景には、各地域の住民の困窮化・貧困化があった。国連が介入しても、紛争が一向に解決しないのは、根底に経済の疲弊があったから。

アメリカ経済・産業もまた、七〇年代以降、総じて衰退傾向をたどり、国民の生活水準が低下。九一年には、「貧困層」（四人家族で年収が日本円で年間一七〇万円以下）と呼ばれる層が人口の一五％、三五〇〇万人もいた。その貧困層がなお増え続けている。

九二年四月のロス暴動は、貧困の爆発だった。ブッシュは湾岸戦争で大勝利して、九一年三月には国民の九〇％の支持を得ながら、十一月の大統領選挙では、「経済こそ第一」を掲げたクリントンに敗北する。ブッシュが国内の経済状況に目を向けなかったから。

振り返ると、日本が「もはや戦後ではない」として、独自の経済路線をスタートさせたのが、一九五〇年代中頃。五五年には、左右両派に別れていた社会党が統一される一方、保守合同によって自由民主党が誕生する。それから九三年まで、自由民主党単独政権の下で、日本はひたすら経済大国へ向けて、成長路線を突っ走ってきた。

そして、五五年には九兆円足らずだったGNP（国民総生産）は、三七年後の九二年に四八〇兆円近くに拡大。一人当たりGNPをみても、アメリカが二万三〇〇〇ドル。東西統一後のドイツも二万四〇〇〇ドルに落ちているのに、日本は二万九〇〇〇ドルを超え、所得水準でいえば、日本は世界一豊かな国になっていた。

九〇年代の日本――どこかの時点で再び成長路線に戻れるのか。だが、成長の壁は、当時すでに、ヒト、モノ、カネのいずれの面にも表れていた。

まず、「ヒト」の問題。これからは人口の高齢化・少子化で、若年労働力の確保が困難になってくる。「モノ」においても、「地球環境保護」という新たな難問が出てきた。日本の国土も、もはや従来型の大量生産・大量消費・大量廃棄を続けていけるほど大きくはなくなっている。「カネ」の面でも、土地資産の大幅目減りで、民間銀行の資金供給機能に大きな障害が出ている。その修復は容易なことではない。

九〇年代入り後、日本の政治の世界でも、「政党再編」という新たなうねりが生まれ、九三年八月には、三七年間続いた自由民主党の単独政権が終止符を打つ。世界にデフレの波が広がるなか、日本経済をどう方向づけしていくのか。当時、政治のリーダーシップに大きな期待が集まった。

III

対外黒字拡大の時代

1993～1995年

一九九三年から九五年にかけて、不況下の日本に再び「円高」という大波が押し寄せてきた。しかも、九三年の年は「長雨・冷夏」という天候異変にまで見舞われ、日本経済はまさに四面楚歌の様相を濃くした。

1　増大する貿易黒字

強まる対日要求

九三年からの円高は、四月中旬のワシントンでの日米首脳会談後のクリントンのプレス発言でも分るように、アメリカの対日戦略と深くかかわっていた。すなわち、海外市場・日本市場において日本製品を割高にして、日本の黒字減らしを徹底的にやろうというもの。事実、プレス会見で大統領白らが表明したのは、円のレートアップ・日本の内需拡大・市場開放（自動車部品、半導体、コンピュータ関係等の個別分野）をワン・セットにしたものだった。

アメリカ国内では、自動車メーカー・ビッグ3に代表されるように、この一～二年、大企業はこぞって人減らしによる企業体質のスリム化をやり、競争力を高めていた。クリントン政権の対日戦略は、日本企業から海外・国内市場の奪回をはかろうとするアメリカ企業・製造業をバック・アップするものでもあった。

アメリカの歴代の政権は対日圧力をかける時にも、自由貿易の原則を踏まえていたが、クリントン政権の対日戦略には、その原則があるのかはっきりしなかった。「成果主義」を第一とし、とにかく日本に対しては成果があがるものなら何でもやろうという姿勢だった。

円・ドルレートは基本的には、アメリカの通貨・ドルと日本の通貨・円との交換比率。そして、日本の貿易取引は大半がドル建て取引だから、円は実体的にはドル圏の通貨でもあった。それゆえ、為替市場にはアメリカの政策意図——通貨戦略ないし為替相場政策が入り込んでくる。

とはいえ、アメリカの通貨戦略は、もとより日本にとって大きなインパクトになるが、それを押し進めるアメリカ側のリスクも決して小さくはない。一九七七〜七八年のカーター政権時代の対日通貨戦略も、そのねらいは円のレートアップにあったが、円高誘導がアメリカの意図してなかった欧州通貨高を誘発し、ドル不安からドル暴落へと発展した。このため、カーター大統領は円高作戦を転換、八七年十一月一日には、「ドル防衛策」を打ち出すに至った。それでもドル不安は鎮まらず、欧州通貨に対するドルの下落が続いた。

この流れを止めたのが、ドル下落自体が引き起こした二度目の石油ショック。七九年二月のイラン革命を機に、ＯＰＥＣ（石油輸出機構）がまた原油値上げを実施した。このため、アメリカは高インフレに見舞われ、ドル金利が二〇％を超える事態となる。ドル金利の異常高はＳ

＆Ｌ（アメリカの住宅ローン専門金融機関）を経営危機に陥れ、発展途上国（特に中南米諸国）の累積債務問題を一気に爆発させた。

八五〜八七年のレーガン政権時代の通貨調整でも、ドル暴落のきわどい局面はあったが、ともかくもドルの「ソフト・ランディング」に成功した。それでも、八七年十月には「ブラック・マンデー（ニューヨーク株式市場の暴落）」を引き起こし、世界に衝撃波を広げた。

避けられぬ円レートアップ

ではなぜ、アメリカは副作用の強い円高作戦を執拗に繰り返してくるのか。それは円をレートアップさせても、日本はすぐに対外黒字を膨らませてくるから。実際、日本の貿易黒字は、九〇年に六三〇億ドルまで減っていたのに、九二年には一三二〇億ドルとわずか二年で倍増。この結果、経常収支の黒字が一一八〇億ドルと一〇〇〇億ドルの大台を突破するに至った。

一方、九二年のアメリカの貿易赤字は九六〇億ドルに増加、経常収支の赤字も四九〇億ドルに拡大する。ただし、九一年の経常収支は、イラクとの湾岸戦争（九一年一〜三月）支援金として、サウジをはじめ日本やドイツなどから合せて五二〇億ドルを超える拠出を受けたことから、三七億ドルの黒字を計上する。

また、ドイツも東独併合による輸入の増大から、貿易黒字が大幅に減少。このため、九一年

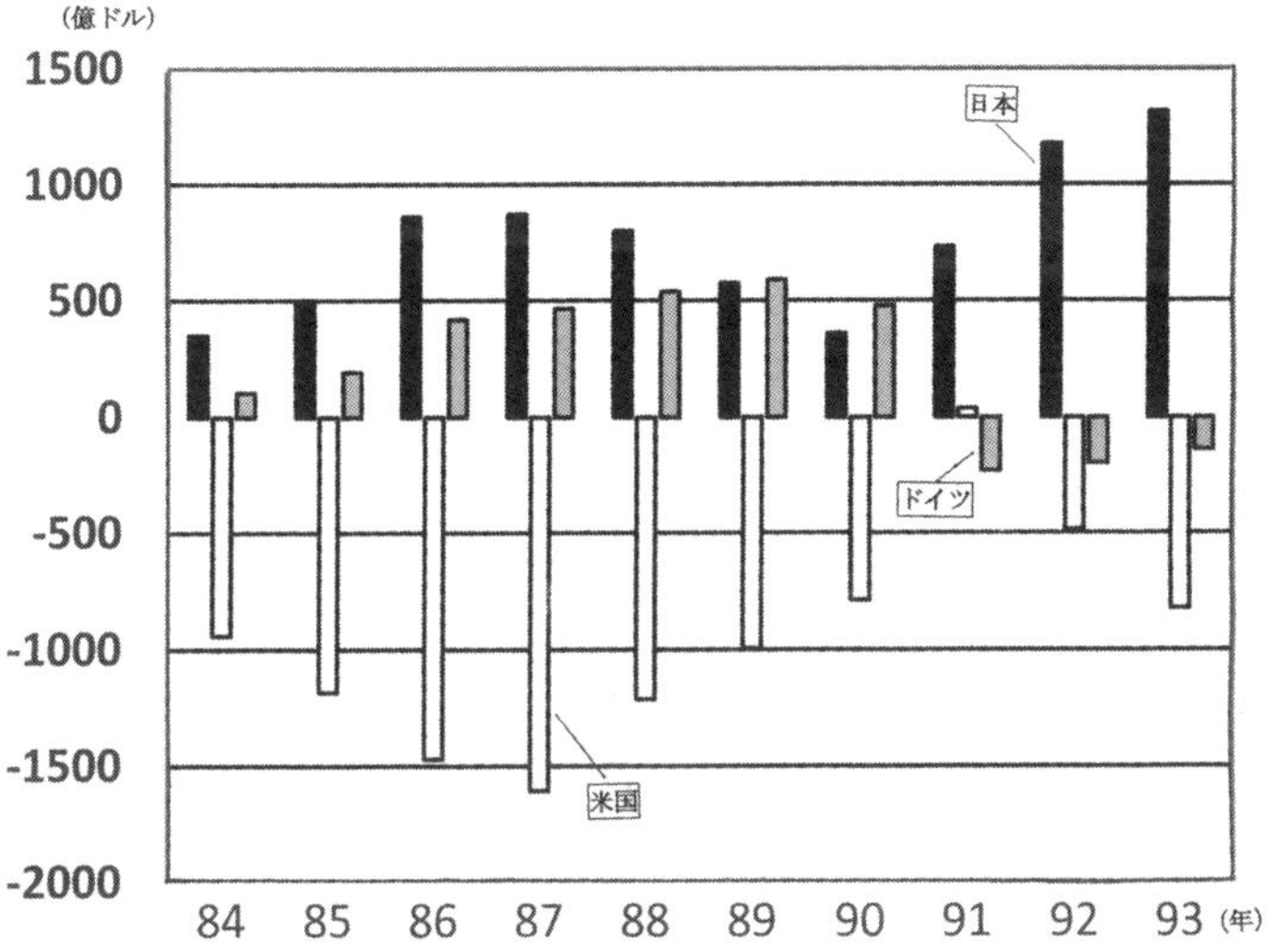

図 11　日・米・独の経常収支

から経常収支が赤字に転じ、九二年には赤字額は二〇〇億ドル。結果として、日本はアメリカとドイツを合わせた赤字額を二倍近く上回る黒字を稼ぎ出したことになる。

日本の黒字突出に対して、アメリカの当時の財務長官ベンツェンは、九三年六月のOECD閣僚理事会で「日本の対外黒字は世界の成長を妨げている」と強く非難した。それでも、九三年の日本の経常収支の黒字額は一三一〇億ドル、一方、アメリカのそれは八三〇億ドルの赤字と赤字額を倍増させた。

日本国内には当時、貿易で黒字を出して何が悪いのか、稼いだドルは世界に還流しているではないか、といった「黒字有用論」もあった。しかし、対外取引はすべて貸借取引だから、国全体で見れば、日本の経常収支の黒字（外国から得るネットの所得）は、同時に同額の資本収支の赤字（外国へのネットの資本流出＝外国の金融資産保有）となる。つまり、国際収支統計では、経常収支黒字＝資本収支赤字の関係にある。（注・二〇一四年一月から「資本収支」は「金融収支」に名称変更された）

黒字自体の善悪はともかく、日本がひとり一〇〇〇億ドルを超える貿易黒字を出すとなれば、アメリカの圧力がなくても円高は進む。しかも当時は、ドル債投資の主役だった生保など日本の機関投資家が九〇年以降の国内の地価・株価下落で含み益を急減させ、ドル債投資を積極化させるだけの余力をなくしていた。反対に、台湾などアジアの国がドル資産を円資産に乗り換える動きも出てきた。

そうした状況下の九三年六月、アメリカは日本に対し、対外黒字を向う二〜三年のうちにGDPの二％以下に抑えよ、と要求してくる。このことを数式で表すと、経常収支黒字×円レート÷GDP≦二％、ということになる。

九二年の日本のGDPは四八〇兆円。経常収支の黒字は円換算で一五兆円だから、GDP比では三・一％。アメリカは、この比率を遅くとも九六年までに二％以下にせよ、というのだ。黒字の絶対額を減らすか、それとも円のレートアップを甘受するか、いずれにしても、黒字減らしの具体策が出てこないことには、さらなる円高の進行は避けられない。

様変わりするドイツ

九〇年十月の東独併合を境に、ドイツが様変わりする。旧東独の復興支援が当初の見込みと違い、ドイツにとって大きな負担となってくる。それが貿易黒字の大幅減少をもたらし、九一年からは経常収支が赤字に転じる状況となった。このため、ドイツは日本やアメリカはおろか、EC諸国に対しても配慮を欠くようになる。

九二年七月には、ブンデスバンク（ドイツの中央銀行）が東独併合によるインフレを懸念して、公定歩合を八・七五％まで引き上げた。その余波で九月にEMS（欧州通貨制度）が大混乱――イギリス・ポンド、イタリア・リラがERM（EMSの核になっている準固定相場制）を離脱した。そのあと、スペイン、ポルトガル、アイルランドの通貨が大幅に切り下げられた。

かくして、世界一のインフレファイター・ブンデスバンクも、九三年四月に公定歩合を七・二五％に下げ、七月には六・七五％に下げた。それでも、八月にまた欧州通貨危機が発生。EMSは辛うじて崩壊を免れたとはいえ、準固定相場制としての機能を実質的に失った。実際、フランス・フランなど七か国の通貨は上下一五％の変動幅に移行、EMRのナロワーバンド（上下二・二五％の変動幅）にとどまったのは、ドイツ・マルクとオランダ・ギルダーだけとなった。また、この高金利政策によって、九三年にドイツは、十八年ぶりのマイナス成長となった。

ドイツの変調は日本にも及んでくる。それが円の独歩高。八五〜八七年の円高局面は「二強一弱」、すなわち、円高・マルク高―ドル安だったが、九三年の円高局面では「一強二弱」、すなわち、円高―マルク安・ドル安の構図を鮮明にさせた。

こうした状況下の九三年十一月、マーストリヒト条約が発効、EC（欧州共同体）はEU（欧州連合）となる。そして、ドイツを中心にEU加盟国は「通貨統合」という形で独自の通貨圏に形成に向かうのだった。

円レートの着地点

一方、九三年のアメリカはインフレの沈静もあり、ドル金利は「黄金の六〇年代」といわれた時代以来の低金利水準――公定歩合は九二年七月から三・〇%まで引き下げられていた。当時のFRB（米連邦準備制度理事会）理事・ラウェアは、「ドルが円に対して安くなっても、アメリカがインフレになることはない。日本製品を買うときに、ちょっと高くなったと思う程度だ」と語り、ドル安・円高の進行を心配する気配は見られなかった。

では、円レートの着地点はどの辺りか。九三年入り後、円は一ドル・一二〇円台と最高値圏にあり、当時、国内では、日米の物価水準から見て、一ドル・一一〇円のラインを切る円高は行き過ぎとの見方が支配的だった。当時は、一ドル・一〇〇円になれば、日本が「デノミ」を

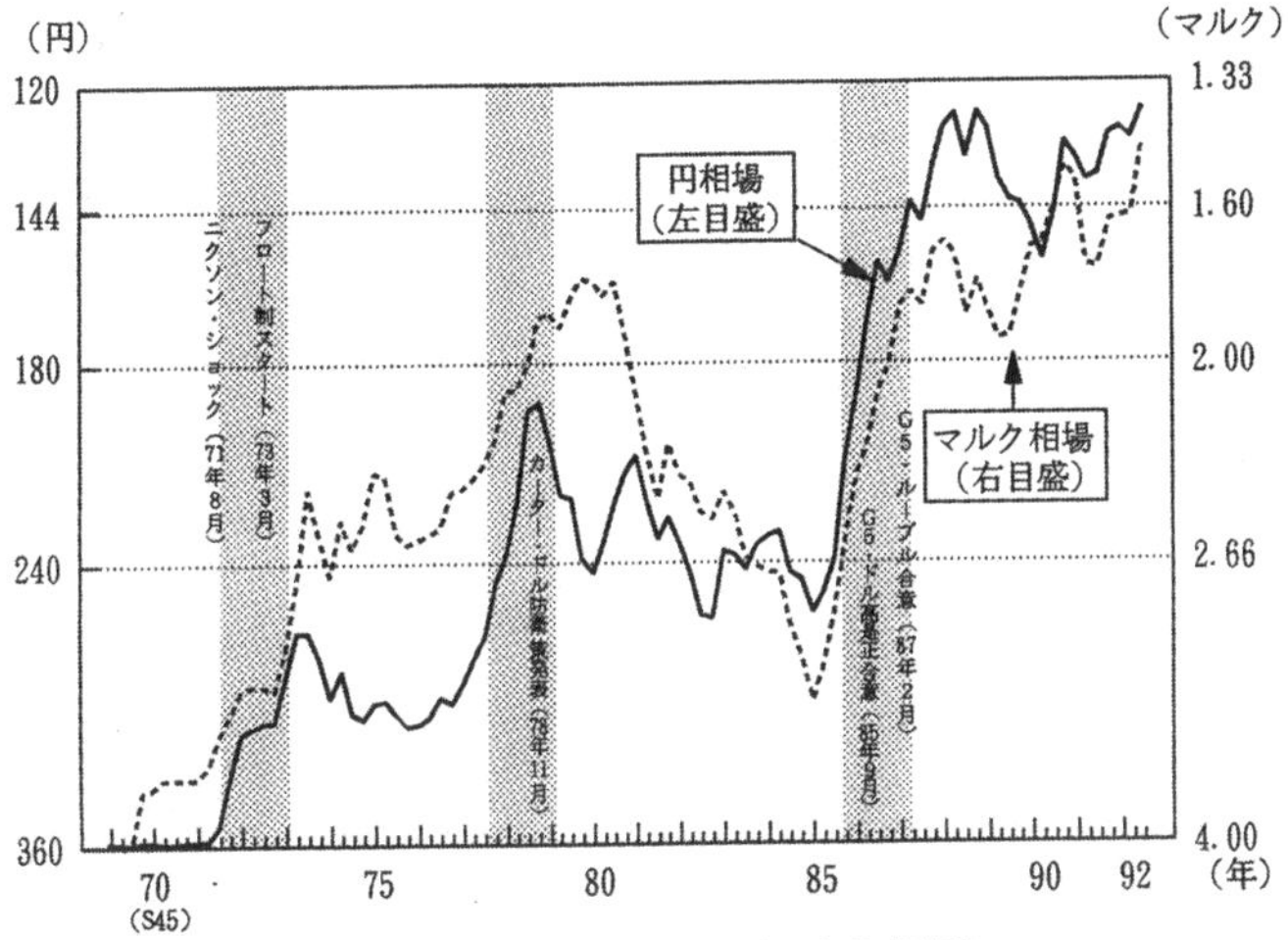

図12　対ドル円相場・対ドルマルク相場（四半期相場）

やる、それで円高は止まるという珍説も聞かれた。日本がどう考えようと、アメリカにすれは、一ドル・一〇〇円にこだわる理由は何もなかった。

戦後、一ドル・三六〇円の単一為替レート（固定相場）を設定したのはアメリカ。一九四九年四月のことで、ドッジ・ライン――GHQ（連合軍総司令部）が前年十二月に日本政府に指令した「経済安定計画（九原則）」の具体化の一環だった。このとき、GHQはヤング案――前年六月のヤング使節団の円レートに関する勧告をもとに、一ドル・三三〇円で円レートを設定するつもりだった。

ところが、その直前にアメリカ本国から、それよりも円安水準の一ドル・三六〇円で円レートを設定するよう指令があり、かくして一ドル・三六〇円の誕生とあいなった。日本政府が要望していた一ドル・三五〇円よりもなお円安水準――アメリカ政府は為替レートの最終決定をするにあたって、ひとつのジョーク、「円は三六〇度」を頭に浮かべたのかも知れない。真偽の程はともかく、当時のアメリカには日本にハンディを出すほどの余裕があったということ。

考えてみれば、一九七一年八月のニクソン・ショック以降、アメリカの圧力による円のレートアップは、スタートが一ドル・三六〇円だったせいか、概して三〇進法的に進んできている。ニクソン政権下の七一年十二月のスミソニアン合意では、一ドル・三〇八円で固定相場に復帰。七三年三月の変動相場へ移行後の円の最高値は一ドル・二六三円。カーター政権下での最高値は、七八年十月のドル防衛策発表時の一ドル・一七六円。レーガン政権下での最高値は八八年一月の一ドル・一二〇円。とすると、クリントン政権下での円の最高値は一ドル・九〇円前後ということになる。向こう一年かそこらの間に、円レートはこの辺りの水準に着地するのではないか。それが当時の私の見方だった。

2　2ケタ円高の到来

破られた一〇〇円の壁

九四年六月下旬、羽田内閣が総辞職し、自民・社会連立の村山内閣が発足。それ自体、歴史的な出来事だったが、この政局の変化と重なるように、円レートが一ドル・一〇〇円の壁を破り、日本の多くの人がまさかと思っていた2ケタ円高が現実のものとなった。

このため、産業界には、「社会・自民が連立内閣をつくったのが原因」と連立政権に批判的な見方が多かった。しかし、円高の主たる原因は、やはり日本の対外黒字の突出。それは、九三年四月以来、アメリカのクリントン政権が問題にしてきたことだった。

日本政府は六月末までに黒字減らしの具体策を発表する予定だったが、結局、出せずじまい。唯一発表された二七九項目の規制緩和策も、日本のマスコミにさえ無視された。政府が無策ぶりを露呈するなかで、2ケタ円高が襲ってきた。

円高を何とか止めたいというのは、産業界——輸出関連業界や輸入品攻勢に悩む業界にとって切実な願いだった。経営者のなかには、「政府が介入をやれば、われわれの望む水準に円を戻せるではないか」と、政府や日銀の姿勢に懐疑的な人もいた。また、日銀総裁三重野康氏の「為替はアメ細工のようにはいかない」との発言に批判の声も上がった。

だが、政府・日銀の市場介入は、為替相場を一定の目標水準に維持しようとするものではない。目標水準を明らかにして、市場介入すると、逆に投機を勢いづかせることにもなる。介入は基本的には為替の急激な変動を緩やかにする目的でなされるもの。

為替のフロート制（変動相場）は、当初から制度として導入されたものではない。一九七三年三月の国際的な通貨混乱のなかで、日米欧の政府が「もう固定相場に戻すのは無理だ、為替は市場の実勢に任せるしかない」として、平衡操作――固定相場を維持するための通貨当局による市場介入を放棄したのがはじまりだった。

その市場状態が間もなく、アメリカ主導下のＩＭＦ（国際通貨基金）でフロート制として認知され、その後、通貨当局の市場介入にルール（原則）が設けられる。だから、アメリカの同意なしには、日本単独の市場介入はできない。

それはともかく、アメリカの巨額の対外赤字、それを上回る日本の対外黒字という状況の下では、為替はすう勢として、ドル安・円高の流れになる。それが市場実勢というもの。対外赤字の国の通貨は、本来、下落していく運命にある。

ドル高戻りの条件

では、フロート制下でドルが高戻りするのは、どんな状況が生じたときか。その一つは、国際政治危機。そのときはアメリカへの資本逃避が起きるから。だが、東西冷戦構造が崩壊して、「有事に強いドル」は過去のものとなった。

二つ目は、石油ショック。石油価格が高騰すると、原油の国際取引はドル建てだから、大量のドルが産油国に入る。しかし、そのオイルマネーの大半がドル金融資産のまま保有されるから、その分はアメリカの貿易赤字の減少と同じ効果を持つ。また、そのときは日本の貿易黒字も減り、円は安くなる。

三つ目は、ドル金利高。インフレ終息下でのドル金利高が起きたレーガン政権時代の一時期がその好例。アメリカのドルが安定を保つには、少なくとも、日本など対外黒字の国にドル金融資産を持たせるインセンティブ、すなわち、低インフレとドル金利高というベースが与えられなければならない。

当時のアメリカは世界最大の貿易赤字国。そのアメリカが九一年入り後、金融を緩和させ、九二年七月には公定歩合を三%まで下げた。これは、アメリカが貿易黒字国だった「黄金の六〇年代」と同じ金利水準。だから、その後のドル安・円高は自然の成り行きだった。

アメリカは輸入依存の国ゆえ、ドルが下落してくると、海外からの輸入品の価格が上がり、それが国内のインフレ圧力を高める。そのときには、利上げに転じざるを得なくなり、FRB(米連邦準備制度理事会)は九四年中に公定歩合を三回、通算一・七五%引き上げた。しかも、十一月の利上げは〇・七五%と予想外に大きかった。

この利上げは、隣国に問題を引き起こす。十二月にメキシコの通貨ペソが急落し、メキシコ国債が暴落するという事態が起きる。それまでメキシコは経常収支赤字のファイナンスのため、アメリカよりもさらに高い金利をつけ、ドル資金の流入をはかっていたのにアメリカが利上げ

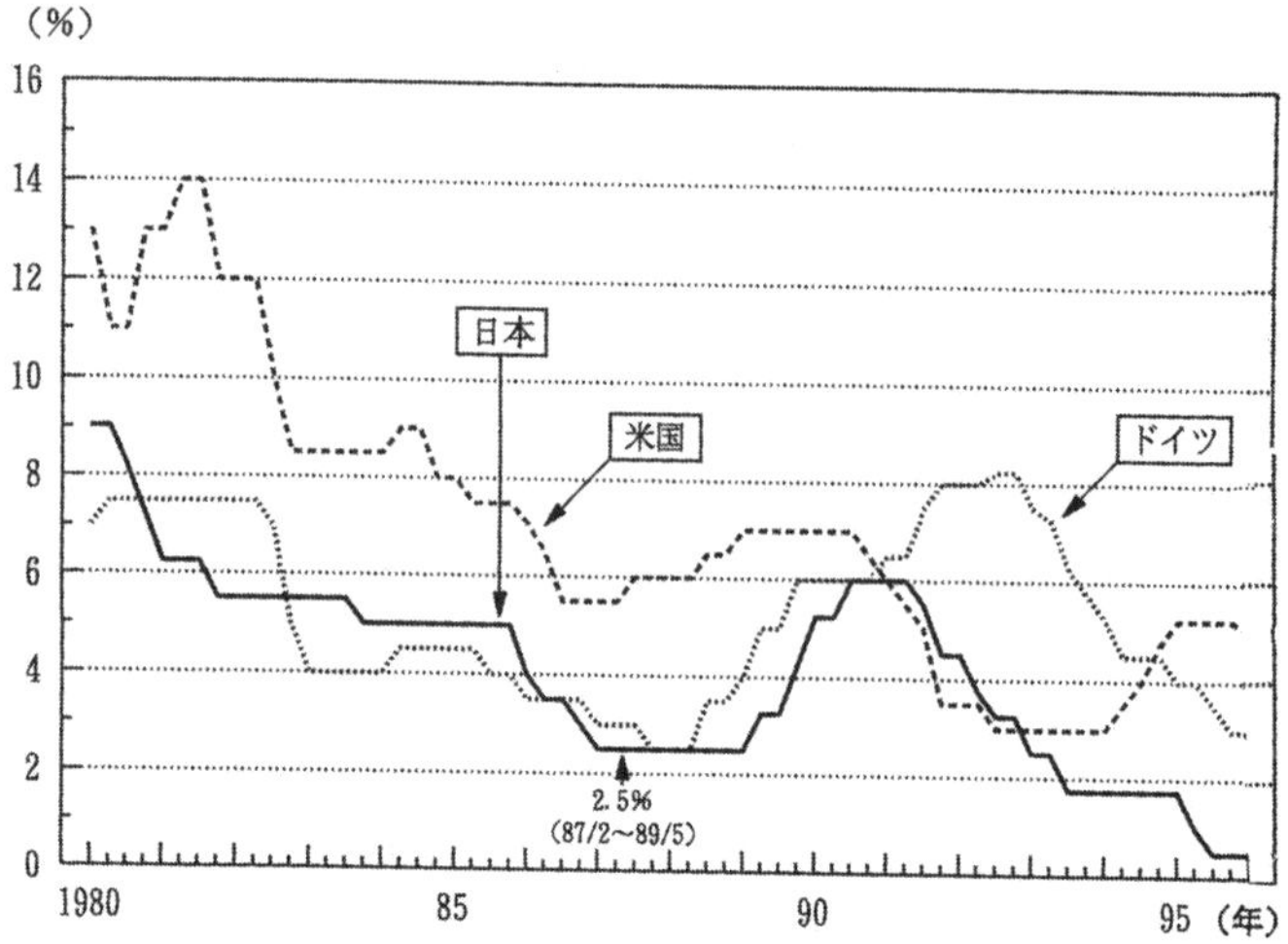

図13　日米独の公定歩合

したため、ドル資金がアメリカへ流出する事態になった。

メキシコの経済危機は、すぐアメリカにとって、それはアメリカの経済にハネ返ってくる。アメリカにとって、それは放置できない重大問題、すぐに金融支援にとりかかったが、同時にドル金利が上限域にあることを市場に知らせることになった。九五年二月、FRBは公定歩合を〇・五％引き上げ五・二五％としたが、これがドル金利の上限とみて、投機筋のドル売りが再開、それが円買いとなって円レートも急上昇していく。

遅れる黒字減らし

黒字を減らすには、輸出を減らすか、輸入を増やすか、そのどちらかになる。その場合、産業界に与える影響の少ない輸入を増やすのがべストの選択。アメリカにしても、円高を迫るよりは、日本が内需を拡大して輸入を増やしてくれた方がよい。

では、どうやって輸入を増やしていくか。それには、公的規制の緩和・撤廃が欠かせない。これには大変な痛みが伴うが、内外価格差の是正という面からも国民の多くが望むところ。「村山内閣は規制緩和・撤廃を掛け声だけに終らせるな」というのが当時の産業界の声だった。

こうした対策でどれだけ輸入が増えるのか疑問もあったが、とにかく政府から黒字減らしの具体策が出てこないことには、円相場は産業界が望む方向には動いてはくれない。

一方、日銀は九三年九月から公定歩合を史上最低の金利水準一・七五％に下げていた。日銀としてはバブル発生の苦い経験があるだけに、これ以上の利下げは願い下げにしたい。しかし、市場介入でもってしても円高が止まらないとなれば、さらなる利下げに踏み切るしかない。

九五年に入ると、メキシコ通貨危機の影響でドル安・円高に弾みがつき、三月には円レートが一ドル・九〇円のラインを突破。そこで日銀は円高が一ドル・八三円台まで進んだ四月十四日に公定歩合を一・〇％に下げた。それでも、円相場は四月十九日に一時、一ドル・七九・七五円と戦後最高値をつける。

思い起こすと、八六〜八七年の円高局面では、同時に原油価格の下落があった。ＯＰＥＣ（石油輸出機構）内で生産枠の調整がつかず、八五年末を境に、原油は四〇％も値下がりする。

円高のなかでの原油安だけに、日本にとっては、まさに「天の恵み」だった。

また、当時は、政府・日銀が円高阻止のために大量のドル買い介入をやっている。八八年三月までの二年間の外貨準備の増加額は五〇〇億ドルを超え、そのドル買上げ代金——八兆円超の日銀資金（マネタリーベース）の流入で、民間銀行は空前の「カネ余り」状態となった。しかも、国内は超低金利。そこへ民間の資金需要がどっと出てきて、銀行貸出は一気に膨らむ。

実際、八七年末までのわずか二年間に、銀行貸出は八〇兆円も増加。それが地価・株価の異常高（バブル）を生み、国内をバブル景気に沸かせる。バブルの発生も元をたどれば、その発端はアメリカの円高攻勢にあった。

九三〜九四年の円高局面でも、前回同様、ドル買い介入がなされ、公定歩合も史上最低の水準になった。それでも、九四年末までの二年間に、銀行貸出は六兆円しか増えていない。円高や政局の混乱などで国民の関心が薄れてきたが、地価・株価がピーク時の半値以下に落ち込んだ状況では、日銀の金融緩和策だけでは、銀行貸出は伸びず、日本の経済も低迷を続けざるを得なかった。

進む産業の空洞化

円高は、円の対外購買力が上がることだから、日本にとって、本来的にはわるいことではない。

だが、ここまで円高が進むと、そうは言っておれない。日本経済に、いわゆる「3K」――雇用不安・価格破壊・空洞化という新たな問題を起こすことになったから。

まず、雇用不安。それには、円高によって日本が世界で飛び抜けた高賃金国になったという事情がある。九三年当時の日本の製造業の平均月収は三四万円。一方、海外をみと、一ドル・一〇〇円の換算で、アメリカは二一～二二万円、アジアNIESで一一～一二万円、中国に至っては一～二万円。コストとしての賃金にこれだけの格差が出てくると、日本の製造業としても、このままでは国内でモノづくりはできない。賃金コストを切り下げて国内で生産を続けるか、それとも賃金が格段に安い中国などアジア地域へ生産を移すか、どちらを選んでも、国内に雇用不安が起きる。

国内の製造業部門の従事者は当時、約一五〇〇万人（労働力人口の二三％）、単純な計算になるが、仮に製造業の一割が海外移転したとすると、従業者が一五〇万人吐き出される。これをサービス業などの部門で吸収しなければならないが、それだけの雇用機会が生まれるかどうか。また生まれたとしても雇用のミスマッチの問題が残る。

いずれにしても、日本はこれまで世界一の低失業国だったが、これからはジワリジワリと失業が増えてくる。現実にも、九五年三月に失業者数は二〇〇万人を超えたが、企業はなお一〇

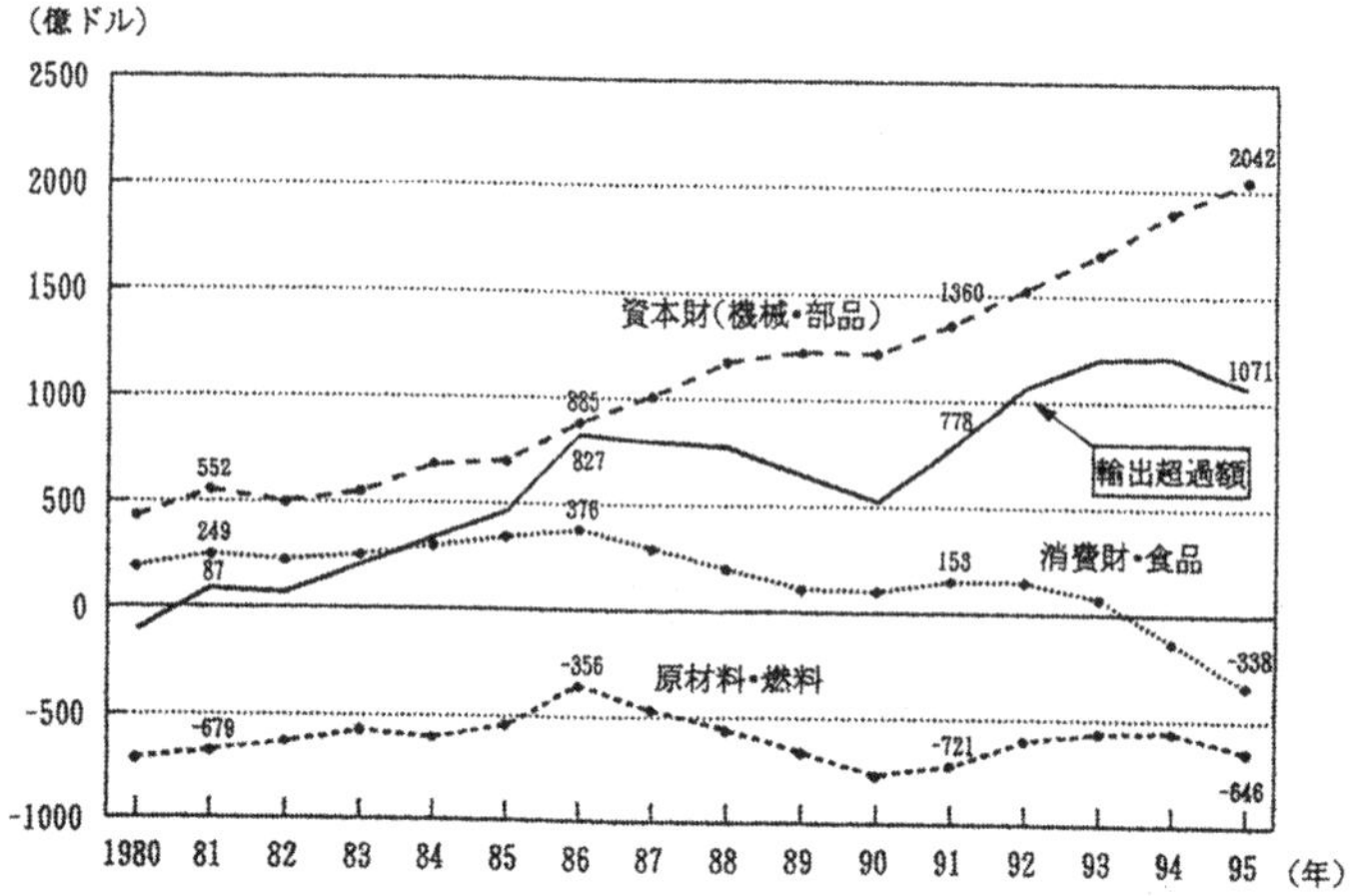

図14　財別の輸出（輸入）超過額（通関ベース）

〇万を超える余剰人員を抱えていた。

次に価格破壊。日系企業がアジア地域でつくった食品、繊維製品、家電製品などの生活必需品が国内に安い価格でどんどん流入、それが国内の価格体系を突き崩す。円高がそれに拍車をかけ、日本はいや応なく低価格体系へ移行させられていく。石油ショックの起きた七〇年代は高価格体系への移行だったが、九〇年代はその逆。その影響は物価面だけでなく、賃金面にも及んでくる。それゆえ、物価安を手放しでは喜べなくなってきた。

三つ目は、国内産業の「空洞化」。中国などアジア地域に向け、日本中堅・中小も加わる製造業の海外シフトが勢いを増してきた。変化は貿易面にあらわれる。ちなみに、日本の貿易収支（通関ベース）を財別に見ると、資本財（機械・部品等）の輸出超過は年毎に増え、九五年は二〇〇〇億ドルを超えるが、食品を含めた消費財は九四年から輸入超過に転じている。

もっとも、産業空洞化には幾つかの段階がある。資源のない日本がアメリカのように、貿易で黒字が稼げないとなると一大事だが、そこまで空洞化が進むのかどうか。この時期、日本企業がアジア地域へ進出していくのは時代の要請でもあり、フロンティアの開拓でもあった。

つまりは、日本一国が工業製品の生産基地だった時代から、日本を含めたアジア地域全体が工業製品の供給基地となる時代に変わってきたということ。2ケタ円高は、そうした時代の到来を日本企業に告げていた。

3 定着化する超低金利

阪神地域に大震災

九五年一月十七日、日本第二の経済圏の一角・阪神地域に大地震が起きる。都市直撃型の大地震は、大正十二年（一九二三年）九月一日に首都圏で起きた大地震以来のこと。地震は、一〇万戸を超える建物を損壊させ、鉄道・道路・港湾などの公共施設を破壊――一〇兆円規模の国富を一瞬に壊滅してしまった。

地震の被害は、こうしたストック（資産）の損失だけではない。被災企業の多くは商売の手だてを失うなど、フロー（所得）の損失も兆円単位になる。自然災害とはいえ、被害がこれだけの規模になると経済全体に大きな影響が出てくる。日本経済にとって、「震災ショック」と呼べるほどのインパクトだった。

一方、当時は不況期にあっただけに、産業界からは「復興需要」に期待がかかった。だが、震災前に編成された九五年度（平成七年度）の国家予算（当初予算）は、四〇年ぶりの前年度比マイナスの「緊縮予算」。震災直後の三月には、前年度の補正予算が急きょ組まれ、一兆円余の復旧費が計上されたが、九五年度以降の復興資金をどうするのか。すでに国債発行残高は二〇〇兆円を超え、政府にとって財源の捻出が大きな問題となっていた。

だから、震災復興に大きな予算がついたとしても、その分、ほかの予算が絞り込まれる。さもなければ、「増税」ということになりかねない。そんな心配が広まるなか、村山内閣は財政再建を先送りさせ、九五年度は、五月に続き九月にも補正予算を編成した。これにより、国債発行額は当初予算比で一〇兆円の増額、うち公共事業の財源となる建設国債の増額が七兆円だった。

関東大震災時の経済状況

歴史を顧みると、阪神大震災と関東大震災には、その発生時の経済状況に類似点があった。関東大震災当時も、震災が起きる三年前（大正九年）に、「反動恐慌」と呼ばれた経済パニックがあった。ならば、それ以前に異常なブームがあったはず。事実、大正四年から大正八年にかけて、日本に未曾有の好景気がやってきて、株価や商品相場が高騰。言うなれば、バブル景気の「大正版」だった。

それを生んだのが、大正三年七月に勃発した第一次世界大戦。これが日本に大変な「戦争特需」をもたらし、赤字続きだった日本の貿易収支はたちまち大幅黒字に転じた。大戦中（大正四〜七年）の四年間に日本が稼いだ貿易黒字の累計は一四億円、貿易外収支（海運収支）の黒字の累計も一三億円にのぼった。この外貨収入の急増が国内に未曾有の通貨膨張を引き起こす。大正八年までの五年間に、銀行貸出は三・四倍、日銀券や銀行預金は四倍にも膨らんだ。

八〇年代末の「平成バブル」でも、「カネ余り」が発生。銀行貸出残高は八六年末の二七〇兆円が九一年末には四四〇兆円に増え、通貨供給量も三二〇兆円から五〇〇兆円に膨らんだ。それでも通貨膨張の度合いは大正バブルのそれにはとても及ばない。

だが、バブルは、いつかは破裂する。それが大正九年三月にやってきた。株価や商品相場は半年もしないうちに半値以下に落ち込み、投機におどった実業家は大きな痛手を被る。関東大震災が起きたのは、それから三年後のこと。阪神大震災の発生も、バブル崩壊から四年後。「歴史は繰り返す」というが、自然災害がこんな形で再来するのかと思うと、なんとも空恐ろしい感じがした。

戦前の浜口内閣の「金解禁」

第一次世界大戦が終結した大正八年から、日本の貿易収支は再び赤字基調に戻る。震災発生の直後、政府は緊急措置の一つとして、「輸入税減免令」を施行。これが復興資材や生活必需品などの輸入を爆発的に増加させた。事実、大正十二年の貿易収支の赤字額は六億円、翌年も七億円の赤字を計上。大戦中の四年間に稼いだ貿易黒字を震災後の二年間にほとんど食い潰したことになる。ここで起きたのが、円の下落だった。

為替は、大正六年九月の金輸出停止にともない、変動相場となっていた。それでも震災発生までの六年間は、概ね一〇〇円・四八〜四九ドルの水準を維持していた。ところが、震災発生後の輸入激増で、正貨の流出が激しくなる。政府は手持ち正貨の払下げをやるが、やがてそれも底を突く。このため、大正十二年末頃から円の低落が始まる。翌年春には、円は一〇〇円・四〇ドル前後まで下落し、その水準が大正十四年末頃まで続いた。

当時は、円の下落は国際的な信用の失墜とされ、「国辱」とさえ考える時代だった。だから、アメリカが金本位制に復帰した大正八年六月以降、国内では、金輸出を再開して、円を一〇〇円・五〇ドル（一ドル・二円）の旧平価（固定相場）に戻すべし、との声が高まった。

そこで、大正十三年六月、加藤高明内閣（蔵相・浜口雄幸）は発足と同時に、輸入超過の是正と為替の回復の名の下に、「財政緊縮方針」を打ち出す。その結果、翌十四年に入ると、貿易赤字が半減。それとともに金解禁の思惑が広がる。海外からの円投機が強まり、年末頃から円が上昇しはじめた。

翌十五年（昭和元年）秋には、円は一〇〇円・四八ドル前後の水準に戻り、三年後の昭和五年一月には浜口雄幸内閣（蔵相・井上準之助）により、緊縮財政の本格化と合わせて一〇〇円・五〇ドルで金解禁・固定相場復帰を果たす。当時は、緊縮財政が貿易収支の改善、為替の安定化の最もオーソドックスな手段と考えられていた。

公定歩合は戦後最低へ

話を戻すと、日本経済がデフレの様相を見せるのが九三年。九四年からは、ＧＤＰ（国内総生産）の名目成長率（金額の増加率）が実質成長率（数量の増加率）を下回るようになる。ＧＤＰデフレーター（経済全体でみた物価）がマイナスに転じたからで、この数値が多年度にわたってマイナスになるのは、大戦後では世界でも初めてのこと。

金融分野においては、九五年からは都市部の金融関連業者の経営破綻が表面化した。バブル期に大手銀行の後押しで不動産向け融資にのめり込んでいた東京の信用組合や大阪のノンバンクの破たん、国会でも問題になった住専（住宅金融専門会社）の破たんなど。

証券市場においても、九三～九四年には二万円前後に戻っていた平均株価が九五年に入ると、また、危機ラインとされた一万五〇〇〇円を割り込む。七月三日には、バブル崩壊後二番目の最安値となる一万四四八五円を付けた。国内にはデフレムードが漂い、海外でも、日本経済への懸念が公然と語られるようになる。アメリカのグリーンスパンFRB議長からは、「日本は戦後初めての、しかも大がかりなデフレ経済になっている」という発言さえあった。

また、九五年四月十四日には、日銀が公定歩合を一％へ、九月八日には、金融史上初の〇・五％まで引き下げた。一％については、一九七八～七九年のスイスと一九三七～四八年のアメリカにその例を見る。スイスの場合、ドル暴落に伴うスイス・フランの高騰を阻止するための非常措置だった。アメリカの場合は、ディプレション（大不況）を克服するための手段として実施された。

顧みると、戦後の日本は「インフレ経済」。つまり、日本の社会・経済システムは、五％程度の金利を前提に組み立てられていた。金利が上がらない経済が定着し、一～二％の金利が一〇年以上続くと、どうなるか。年金制度など社会システムがダメージを受けるのは明らか。だが、当時の日本経済は利上げのできる状況にはなかった。逆に、超低金利の長期化が避けられなくなっていた。

円は一〇〇円台へ反転

九五年四月に一時、一ドル・八〇円を切った円相場は、その後、円安方向へ動き出す。八月には九〇円台へ、九月には一〇〇円台へ、そして年末には一一〇円近くまで戻った。政府・日銀が、円高阻止のため、九五年四~九月に集中して市場介入をやったから。事実、日本の外貨準備は、九四年末に一二〇〇億ドルだったのが、九五年末には一八〇〇億ドルを超えている。この間に、六〇〇億ドルもの市場介入がなされたことになる。

九五年の日本の輸出額をみると、通関ベースで約四四〇〇億ドル。つまり、日本の輸出企業は九五年の一年間にそれだけの額の外貨を稼得したということ。一方、九五年に輸入業者が海外へ支払った外貨は三三〇〇億ドル、差し引きすると、一一〇〇億ドルの輸出超過になる。この黒字分の外貨に買い手があらわれなければ、当然ながらドルの売値は落ちていく。つまりは、円高ということ。

このギャップを埋めたドル購入者として、ドル買い介入をやった政府・日銀のほかに、外債を購入した国内の投資家があった。事実、九五年は、日本からの外債投資は八〇〇億ドルを超え、うち個人投資家によるものが三三〇億ドルを占めている。国内の金利が世界最低の水準まで下がったからで、日銀の利下げは、そうした効果をねらったものでもあった。

一方、九五年に海外投資家が日本株購入のために売ったドルが五〇〇億ドル。差し引きすると、日本の対外証券投資は三〇〇億ドルの買い超過になった。なお、九五年後半からの日本株の反転は、この海外投資家による日本株購入によるところが大きかった。

ドルの需給改善には、海外旅行用のドル買いも加わった。九五年の一年間に日本から海外に出かけた人は、円高効果もあって一五〇〇万人（十年前の三倍）を超え、海外で三六〇億ドルを超える外貨を使っている。

アメリカが円安容認

九五年中に政府・日銀が過去に例のない大規模な市場介入ができたのは、アメリカ政府がそれを容認してくれたから。事実、九五年四月のG7（先進七カ国蔵相・中央銀行総裁会議）では、アメリカ政府の意向を受けて、「ドルの秩序ある反転を望む」との声明が出されている。それを円高時代の終えんと見る向きもあったが、日本の貿易収支が赤字にでもならない限り、趨勢として円高は続く。

九五年当時の日本の輸出の中身を見ても、その六〇％は資本財――すなわち、海外の製造業には欠くことのできないハイテク型の機械や部品となっている。資本財輸出は、八〇年以降、「円高」という逆風下においても増勢を続けてきて、九五年には輸入を引いた資本財の純輸出額は二〇〇〇億ドルを超えた。日本のこの資本財の輸出競争力の強さから見て、一〇年、二〇年先ならともかく、向こう二～三年内に資本財の輸出超過が大きく減少するといったことなど、まったく考えられなかった。

注目すべきは、中国の輸出攻勢。九四年一月の人民元三三％切下げ後、アメリカなどからの安値輸出の非難をものともせず、輸出をぐいぐい伸ばし、九五年には、日本から一四〇億ドル、アメリカからは三〇〇億ドルの黒字を稼ぎ出している。九七年六月には、香港が中国に返還される。国内によほど大きな政治上の混乱が起こらない限り、中国が貿易立国として日本が来た道をたどってくるのは間違いない。

こうして世界の貿易構造が変化していく中で、やがては日本も貿易立国としての力を失い、本当の円安時代を迎えることになるのかも知れない。中国の台頭を見るにつけ、当時はそんな思いがした。

IV

「6大改革」の時代

1996 ～ 2000 年

阪神大震災から二年後の九七年初頭、橋本首相が日本の経済・社会制度を変革する「6大改革」を打ち出した。当時は、超低金利や財政支出の拡大があって景気が上向いてきた時期だった。それゆえ、橋本改革は当初、人々に好意的に受けとめられた。

だが、改革に着手して間もない十一月、大手の銀行や証券会社の破たんが相次ぎ、金融が大混乱。結局、橋本改革は頓挫した。

1　金融ビッグバンの実施

始まりは「日米円・ドル委員会」

九六年十一月、橋本龍太郎首相は、金融分野全般にわたる集中的改革を担当大臣に指示。それが「ビッグバン」と呼ばれる金融システム改革だった。もっとも、金融分野の規制緩和・撤廃は、橋本内閣が最初ではない。八〇年代前半の中曾根内閣の時代に始まっていた。

思い起こすと、八〇年代前半は、日本の対米貿易黒字が急拡大していく時期だった。しかも、黒字がどんどん膨らんでいくのに、為替は円安基調が続く。それをアメリカ側は、「日本の金融市場が閉鎖的で、海外からは、円が買われる仕組みになっていないからだ」と言い出す。

そして、八三年十一月にレーガン大統領が来日。その時、中曽根康弘首相は、大統領の求める「日米円・ドル委員会」の設置を約束――八四年五月の円・ドル委員会において、日本は金融・資本市場の門戸開放を宣言した。橋本内閣のビッグバンは、その宣言した「金融の自由化・国際化」の総仕上げ――キャッチ・フレーズは「フリー・フェア・グローバル」だった。

では、中曽根内閣時代の日米円・ドル委員会で、日本はどんなことを約束したのか。ビッグバンとのからみで言えば、一つは、預金金利の自由化。日本は、八五年十月から預金金利の自由化に着手、九四年十月にそれを達成した。この間、日本の銀行は多種多様の自由金利の預金商品を登場させた。

橋本内閣のビッグバンでは、金融商品の開発、価額・手数料の設定、販売チャネルの自由化が具体的な項目とされたが、いずれも金利自由化の延長線上のもの。

預金金利は、言うなれば、「預金」という銀行の金融商品の価格。その価格設定を自由化させるということは、戦後ずっと金融当局の庇護下にあった銀行業界に競争原理を導入すること――いわゆる「護送船団方式」から自由競争促進への政府の政策転換だった。これが日本の銀行を「収益第一主義」に走らせ、ひいては未曽有の「土地バブル」を発生させる元にもなった。

二つ目は、外国銀行の信託銀行業務への参入。政府は当初、その参入を国内と同数の八行に絞る方針だったが、最終的には九行の外国銀行に許可を与えた。ビッグバンは、金融業界全般にわたる業界垣根の撤廃を目ざすものだったが、信託・銀行の垣根に限っていえば、一〇年以

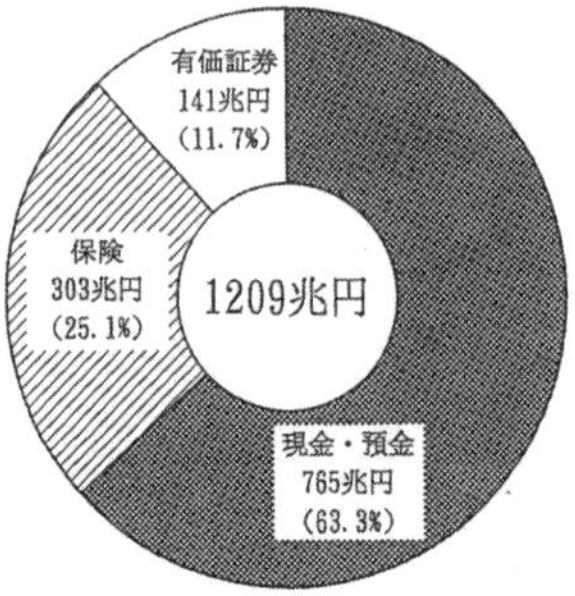

図15　個人金融資産の運用状況（96年末現在）

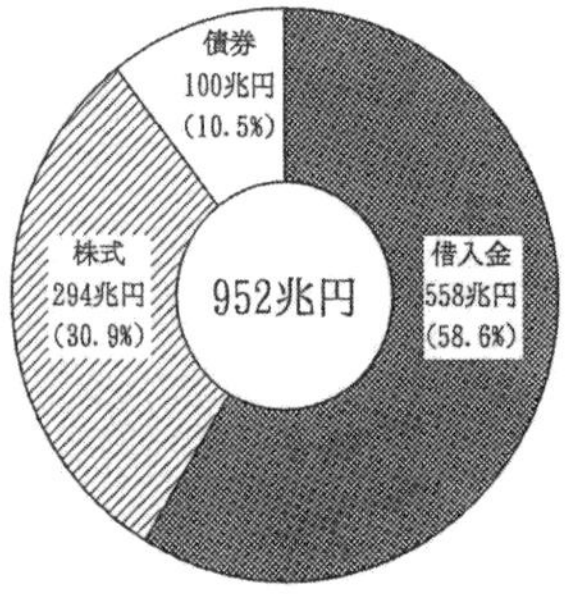

図16　法人企業の資金調達（96年末現在）

上前の八五年六月に、すでに外圧によって風穴があけられていた。

円・ドル委員会を設置した当時、外国銀行がなぜ日本の信託業務に参入してきたか。その主たるねらいは、日本の企業年金の運用。橋本内閣のビッグバンに注目する海外の金融業者のねらいも、日本の個人金融資産一二〇〇兆円にあった。

三つ目は、外国の証券会社による東証（東京証券取引所）の会員権取得。東証は政府の要請を受けて、正会員定数枠（当時は八三社）を一〇増やすことを決め、八六年二月に六社の外国証券会社に会員権を付与した。東証開設以来、初めてのこと。

九七年十一月に、兜町（東京株式市場）が投機のあらしに見舞われたが、その仕掛け人は外資系の証券会社。彼らに日本市場で存分に動ける道を開いたのが日米・円・ドル委員会。6大改革のシンボル的な改革――金融ビッグバンもまた、金融市場開放を迫るアメリカのグローバル戦略に乗ったもの。つまり、個人の資産運用も企業の資金調達も、アメリカのように、証券化させていくということだった。

完全自由化された対外資本取引

橋本内閣のビッグバンの「フロント・ランナー（先導役）」とされたのが、九七年五月の外為法の抜本改正（施行は九八年四月）。目的は、対外資本取引の完全自由化。昭和二四年制定の外為法（略称・貿易管理法）の基本的な考え方は、「日本は貿易赤字の国だから、輸出で外貨を稼ぎ、稼いだ外貨は国が管理する」というものだった。その外貨管理を全廃するのは、日本が世界最大の貿易黒字国となり、外貨を溜め込む必要がまったくなくなったから。

改正外為法の具体的な内容として、一つは、外為業務の自由化。旧外為法の骨格をなしていた「為銀主義（輸出入等の対外決済はすべて当局の許可を受けた銀行を通させる制度）」が廃止され、一般の事業会社も自由に外為業務ができるようになった。

二つ目は、内外資金移動の自由化。これに伴い、銀行の為替の持ち高（ポジション）規制が廃止され、それとともに、海外グループ企業とのネッティング（差額相殺決済）、国内の居住者間の外貨決済が認められた。また、海外預金が解禁され、国内の企業・個人が海外でドル預金や円預金を自由に持つことができるようになった。

外為法が改正された時の最大の関心事は、為替がどう動くか、だった。為替は九五年四月に一時、一ドル・八〇円割れした後、円安・ドル高の流れに転じ、九七年の年初に一ドル・一二〇円、年末には一ドル・一三〇円に戻った。

巷間には、外為取引自由化によって、円安が一気に進むとみる向きがあり、一ドル・二〇〇円説さえ出た。一二〇〇兆円の個人金融資産が海外へ大量にシフトするというのがその理由だった。

もちろん、ビッグバンの本格化によって、海外の金融商品、とくに外国投信の売り込みが激しくなってくる。それを購入する国内の投資家も増えてくる。といって、個人の預貯金が外貨建て金融商品に大量にシフトする――一説には三〇~五〇兆円規模ということだったが、そんなことが起こるとは到底、思えなかった。外国の金融商品へのアクセスがいくら自由になっても、投資家は為替リスクから自由になることはできないから。

また、日本の貿易黒字が再び膨らんできているのに、それでも円安が進むとなると、アメリカからの対日非難は避けられなくなる。日本経済にとっても、この時期、さらなる円安・ドル高は望ましいものではなかった。日本の多くの製造業が円高を前提にして、すでに海外に生産拠点・輸出拠点を移していたから。また、円安・ドル高は、日本の銀行の自己資本比率を下げ、金融システムの安定化にもマイナスに働いてくる。

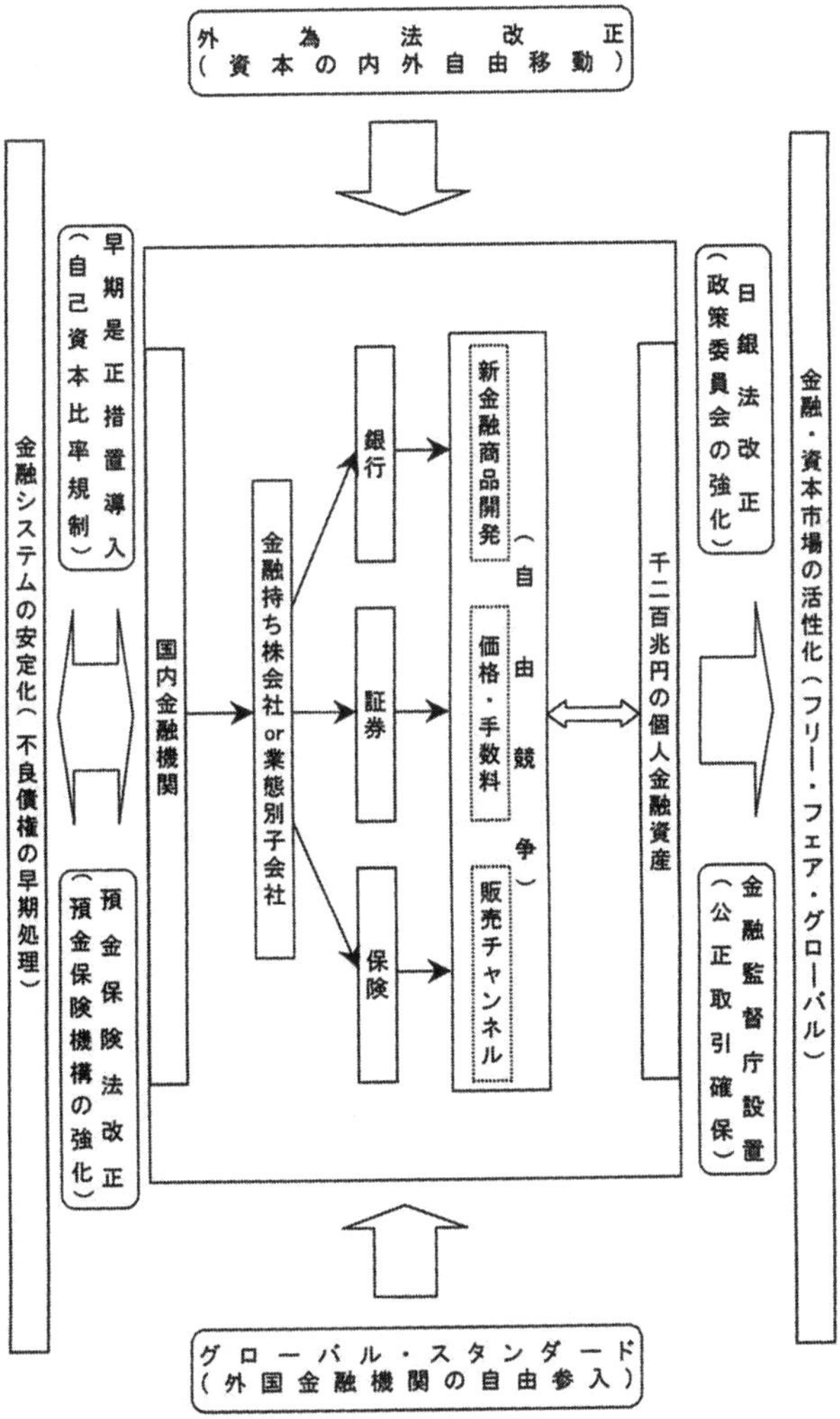

図 17　ビッグバン（金融システム改革）

進む銀行の証券業化

橋本内閣の金融ビッグバンは、銀行の証券業化に向けた改革でもあった。戦後の銀行・証券の分離行政により、日本の銀行は証券業務をやれなかった。つまり、銀行と証券の間には業務上の垣根があったということ。

しかし、一九七九年の第二次石油ショック後、国債の大量発行があり、これを背景に、八一年四月に銀行法が改正され、銀行の証券業務に関する規定が設けられた。それを踏まえて、八三年四月から銀行の国債の窓口販売が開始され、八四年六月から公共債ディーリングが始まった。さらに、九二年六月には、「金融制度改革法」ができ、業務制限はあったが、銀行に子会社方式での証券参入が認められ、九三年七月から大手銀行が順次、証券子会社を設立していった。

そして、九七年十二月には、ビッグバンのスケジュールに沿って、「金融持株会社法」がつくられ、九八年三月から銀行は持株会社方式で証券会社を傘下に置くこともできるようになった。九八年十二月からは、銀行本体で「投資信託」の販売も認められた。

銀行の証券業化には、九三年三月から国際統一基準として適用が決ったＢＩＳ規制（自己資本比率規制）の影響もあった。九六年六月に、ＢＩＳ規制を徹底させるため、銀行への「早期是正措置」の導入が決まり、九八年四月からは、政府が義務づけた自己資本比率（自己資本÷リスク資産）を確保できてない銀行には、経営の改善命令・業務の停止命令が出される。これにより、銀行本体の業務も、その軸足を企業貸出からリスク資産にカウントされない国債の引受へと移していかざるを得なくなった。

強化される日銀政策委員会

九七年六月には、施行を九八年四月として、日銀法が改正された。旧・日銀法は、昭和十七年二月につくられた戦時立法――ナチス・ドイツ支配下の中央銀行（ライヒスバンク）にならった国家主義の色彩の強い法律だった。条文には、日銀の使命は「国家目的達成」とあり、内閣による日銀総裁解任権や大蔵大臣による業務命令権など、政府に強い権限が与えられていた。

戦後、日銀法を民主的な中央銀行法に改正しようとして、GHQ（占領軍総司令部）主導の下に作業が進められたが、その時の改正では、日銀の最高意思決定機関としての「政策委員会」の新設にとどまった。その政策委員会も、「スリーピング・ボード（眠れる委員会）」と揶揄されていたように、七〇年代半ばの「狂乱インフレ」や八〇年代後半の「土地バブル」の発生を未然に防止できず、政策決定が後手に回った。

日銀の専管事項とされた金利決定にも、政府サイドから圧力がかかる。八九年十二月の利上げでは、橋本蔵相から「聞いてない。白紙撤回させる」とクレームをつけられ、九二年二月には、与党・自由民主党の副総裁・金丸信氏から、利下げに応じない日銀に業を煮やし、日銀総裁の更迭発言さえ出た。

では、日銀法改正によって、中央銀行としての日銀はどう変えられたのか。条文を見ると、一つは、「政策委員会」が強化されたこと。政策委員会には、政策運営の自主性が尊重され、政府代表の会合への出席は許されるが、議決権はなくされた。

ただし、政府代表には議案の「提案権」と「決議延期権」が残されており、日銀が政府の圧力から完全に解放されたわけではなかった。改正・日銀法の条文にも、「政府の経済政策の基本方針と整合的なもの」とされている。

二つ目は、政策目標を「物価の安定」としたこと。法定通貨として日銀券を発行する日銀が通貨価値の維持＝物価の安定を最終目的とすることには、どんな議論も必要としない。

現在、法定通貨には、日銀発行の紙幣（日銀券）と政府発行の貨幣（硬貨）があるが、市中に流通する通貨（現金通貨）の大半を占める日銀券は、本質的には日銀の発行する「債務証書」。その価値は人々の信用によってのみ支えられている。

三つ目は、国債の日銀引受を禁じたこと。国債の日銀引受が現実の問題として浮上したのは、一九六五年（昭和四〇年）――政府が国債発行による財源確保を決めた時のこと。当時、政府サイドには、日銀の直接引受に賛成意見があった。マスコミにも、それを支持する論調がみられた。しかし、結局は、市中消化――銀行を中心とするシンジケート団による引受と、旧・大蔵省所管の資金運用部資金（主たる原資は郵便貯金）による引受に落ち着いた。

以後、国債の「日銀引受論」は後退し、改正・日銀法では、財政法と平仄を合わせる形で、国債の日銀引受禁止が条文化された。大戦終結までの十年余にわたる日銀の国債引受――財政のファイナンス機関化は、通貨の番人・日銀にとって、「痛恨極まりない、苦渋に満ちた経験」（『日本銀行百年史』）だった。

2　6大改革の挫折

財政構造改革の実施

九六年十月の衆院選挙での与党・自由民主党の勝利を受けて、橋本内閣は6大改革の目玉の一つ――財政構造改革に着手。九七年度予算からの歳出の抑制、国債の減額など緊縮財政方針を打ち出した。

この方針に沿って、九七年度の当初予算では、一般歳出を前年度比三・〇％増に抑え、国債の発行を六兆円減額（うち、赤字国債発行は三・五兆円減額）。だが、それは、四月の消費税率引上げと六月の特別減税打切りによる七兆円の歳入増を見込んでのものだった。

九七年一月からは、歳出削減の具体化の検討に着手。六月には、九八年から向う三年間を「集中改革期間」として、歳出カットには聖域はつくらない、二〇〇三年に赤字国債の発行をゼロにする、公的部門（国・地方）の赤字を二〇〇三年までにＧＤＰの三％以下に抑える、とする方針を決定。その計画目標に法的拘束力を持たせるために、九七年十一月には、「財政構造改革法」という特別措置法までつくった。

国の一般会計において、財源確保のために発行される国債には、「建設国債」と「赤字国債」の二つがあるが、発行される証券の名称はどちらも国庫債券。違うのは、建設国債が公共事業の財源として発行されるのに対して、赤字国債は歳入補てん（赤字穴埋め）のために発行されること。

だから、根拠法も異なり、建設国債は、財政法（一九四七年制定）の「第四条但し書き」に拠り、赤字国債は、年度ごとに制定される「特例法」に拠っている。つまり財政法が禁じた赤字国債を発行するには、その都度、国会で発行を認める法律を成立させる必要がある。

政府が財政法の定める「均衡予算」を外れ、国債発行に踏み出したのが一九六五年度（昭和四〇年度）補正予算。翌六六年度予算から建設国債の発行が本格化し、第一次石油危機の七五年度予算から赤字国債の発行も定例化する。

七七年頃には、アメリカから「機関車論」——世界経済回復のけん引役を押しつけられ、当時の福田赳夫首相はサミット（先進国首脳会議）の場で、「実質七％成長」を国際公約。これにより、赤字国債の大量発行がなされる。その結果、国債発行残高は、一九七四年三月末の七兆円が七九年三月末には四三兆円とＧＤＰの二割の規模に達する。赤字国債の発行残高も一〇兆円を超え、国債全体の四分の一を占めるに至った。

八〇年代の財政再建目標

このため、財政再建が政府の最重要課題となり、八〇年七月発足の鈴木善幸内閣は、七九年九月に前内閣が決めた「八四年度赤字国債脱却」を元に財政再建に動き出す。時の政府は、赤字国債を「子孫に借金だけを残す悪い国債」と考えていた。

そこで、政府は、八一年三月、経団連会長だった土光敏夫氏を会長とする第二臨時行政調査会、いわゆる「土光臨調」を発足させた。その答申を受け、九月の国会演説で、鈴木善幸首相が支出削減による「増税なき財政再建」を表明。ちなみに、土光臨調の最終答申では、財政危機の主たる原因は、二度の石油危機による不況と、高度成長期からの行政の惰性的な支出（ムダ使い）とされた。

八二年十一月に発足した中曽根康弘内閣においても、前内閣の路線が継承されたが、財政再建は、支出削減から行政改革、さらに民間活力利用（民活）へウエイトが移り、国鉄など三公社が民営化された。赤字国債発行脱却は九〇年度まで先延ばしされる。

九〇年度には、政府の目標どおり、赤字国債発行ゼロが実現。しかし、それは、八九年四月の消費税三％の導入と、折からのバブル景気による税収増があって達成されたもの。バブル景気を生む元になった首都圏の地価高騰も、結果からみれば、都市再生をスローガンにした中曽根「民活」が火付け役になった。

それはともかく、赤字国債発行ゼロの期間は、九三年度までのわずか四年間。九四年度からは、赤字国債発行が再開され、九五年度には、国債発行額が初めて二〇兆円を超えた。翌九六年度の国債発行額は二一・七兆円、うち赤字国債が一一兆円と半分を超えた。

銀行に「早期是正措置」導入

また、橋本内閣は、金融制度改革の一環として、預金保険法改正による預金保険機構の機能強化とともに、「早期是正措置」を導入し銀行への自己資本比率規制を厳格化――海外で金融業務を展開している銀行には、財務上、八％以上の自己資本比率（自己資本÷リスク資産）、国内でのみ銀行業務を営むところは四％以上の自己資本比率の維持を義務づけた。これを九七年四月から試行し、九八年四月からは本格実施する。

政府が定めた自己資本比率基準を満たせない金融機関には、行政当局から業務の改善命令、場合によっては、九六年十一月の阪和銀行のように、業務停止命令が出される。これによって、銀行は貸出資産を減らしていくか、自己資本を増やしていくか、そのどちらかの方策を早期にとる必要に迫られた。

自己資本比率八％――いわゆる「ＢＩＳ規制」というのは、海外市場での平等な競争条件を確保するためとして、八七年一月に英・米が日本に提案してきたもの。九三年三月末までの段階的な適用が認められたので、八八年七月に日本も、その提案を受け入れた。

当時の日本は、まさにバブルの最盛期。株価は三万円近くの水準にあった。日本がＢＩＳ規制受入れにあたって、自己資本に株式の含み益の四五％を加味することを認めるということだったから、対象となる銀行にも、自己資本比率の八％はクリアできるという楽観があった。

戦後ずっと、日本の銀行は土地を担保にして、いわば「薄利多売」のやり方で企業向け貸出を増やしてきた。それが、とくに激しかったのが、八〇年代後半のバブル期。そのバブル期に、日本の銀行は海外においても、欧米の銀行から「オーバープレゼンス（過大進出）」と非難されるほど、金融業務を拡大させていた。

しかし、九〇年代入り後の株価の急落で、日本の銀行には、このＢＩＳ規制が大きな足枷となってくる。九一年からの地価の下落によって大量の不良債権を抱え込み、九七年九月末には、不良・問題債権とされる貸出が銀行全体で七六兆円、貸出残高の一二％という状態だった。

また、九七年八月からは、再び株価の下落が始まる。九月末には、三月末につけた一万八〇〇〇円の水準を割り込み、十一月には、銀行の「含み益」が消えるとされた一万五〇〇〇円ギリギリのところまで下った。考えてみれば、ＢＩＳ規制の導入は、バブルに酔った日本にあっては、まさに「トロイの木馬」だった。

アジア通貨危機の発生

九五年九月に日銀が円高阻止のため、公定歩合を史上最低の〇・五％に下げてから、すでに二年余が経過。だが、九五年四月に一ドル・八〇円を切った円相場も、その後、ドル高・円安トレンドに転じ、九七年入り後は秋口まで、概ね一二〇円前後で安定。それでも、利上げはなかった。

当時は、景況も改善していたのに、円高への反転を怖れたからなのか、それとも九八年四月の新・日銀法改施行という大事を控えていたからなのか、日銀はこの低金利政策を堅持した。

九七年六月には、訪米中の橋本首相がニューヨークのコロンビア大学で、アメリカからの円高圧力をけん制する意味で、「米国債を大幅に売りたいとの誘惑に駆られる」と発言し、ニューヨーク株価が急落する一幕があった。

九五年年初に四〇〇〇ドルだったアメリカの株価（ダウ平均）は、その後、棒上げ状態。九七年央には八〇〇〇ドルとわずか一年半で二倍もの値上り。日本の低金利政策によるアメリカへの資金流入の増加、ニューヨーク株価の上昇、ひいてはアメリカ経済の好況だった。

他方、ドル高戻りによって、七月にタイ・バーツが下落。その余波を受けて、インドネシア、韓国などアジア通貨がドミノ的に下落、アジア地域全体に金融危機が広がった。とりわけ韓国の経済危機は、「国難」と呼ばれたほど深刻で、年末にはＩＭＦの支援を要請する事態となった。

こうしたアジア通貨の下落は、アジアの国の多くが自国通貨をドルに固定する「ドル・ペッグ制」を採用していたことによるもの――ドル高につられたアジア通貨高は、経済のファンダメンタルズ（基礎的条件）からかい離した過大評価とみなされ、ヘッジ・ファンドなど海外投資家に売り浴びせられた。そして、アジア地域へ流入していたホットマネー（投機資金）の大半はアメリカへ還流し、ニューヨーク株価をさらに押し上げた。

国内は「恐慌前夜」の様相

国内においては、九七年の秋以降、景気が急激に悪化。株価は、つるべ落としの下落となる。そして、十一月には、北海道拓殖銀行や、三洋・山一など大手の証券会社の経営破たんが相次ぎ、国内には、まさに「恐慌前夜」のようなムードが広がった。

こうした事態を招いた最大の原因は、橋本内閣の緊縮財政だった。つまり、消費税引上げで五兆円、特別減税打切りで二兆円、それに、医療費等の負担増として二兆円、合計九兆円を国民の所得から吸い上げ、それでもって国債を減額しようとしたから。こうした緊縮財政は、日本の経済全体に大きなデフレ・インパクトをもたらす。それでも、政府はスタンスを変えなかった。

第二の原因は、株価の下落。七月のタイ通貨危機の発生後、外資系証券会社による日本株売りが激しくなり、九六年入り後、概ね二万円台をキープしていた株価が一万五〇〇〇円のラインまで下落。それでも、下落の勢いは止まらない。それが、大手の銀行や証券会社の破たんにつながった。

こうした全く予想外の事態に直面して、政府もようやく日本の経済・金融の現状に対する認識を改める。十二月十七日には、橋本龍太郎首相が突如、ＡＳＥＡＮ首脳会議からの帰りに考えついたと言って、二兆円の特別減税を打ち出した。かくして、財政構造改革は事実上、頓挫した。

それと前後して、銀行のいわゆる「貸し渋り」が国内に広がった。九八年四月からの「早期是正措置」導入を控えた大手銀行は、バブル崩壊後の不良債権を抱えていた上に、通貨危機に

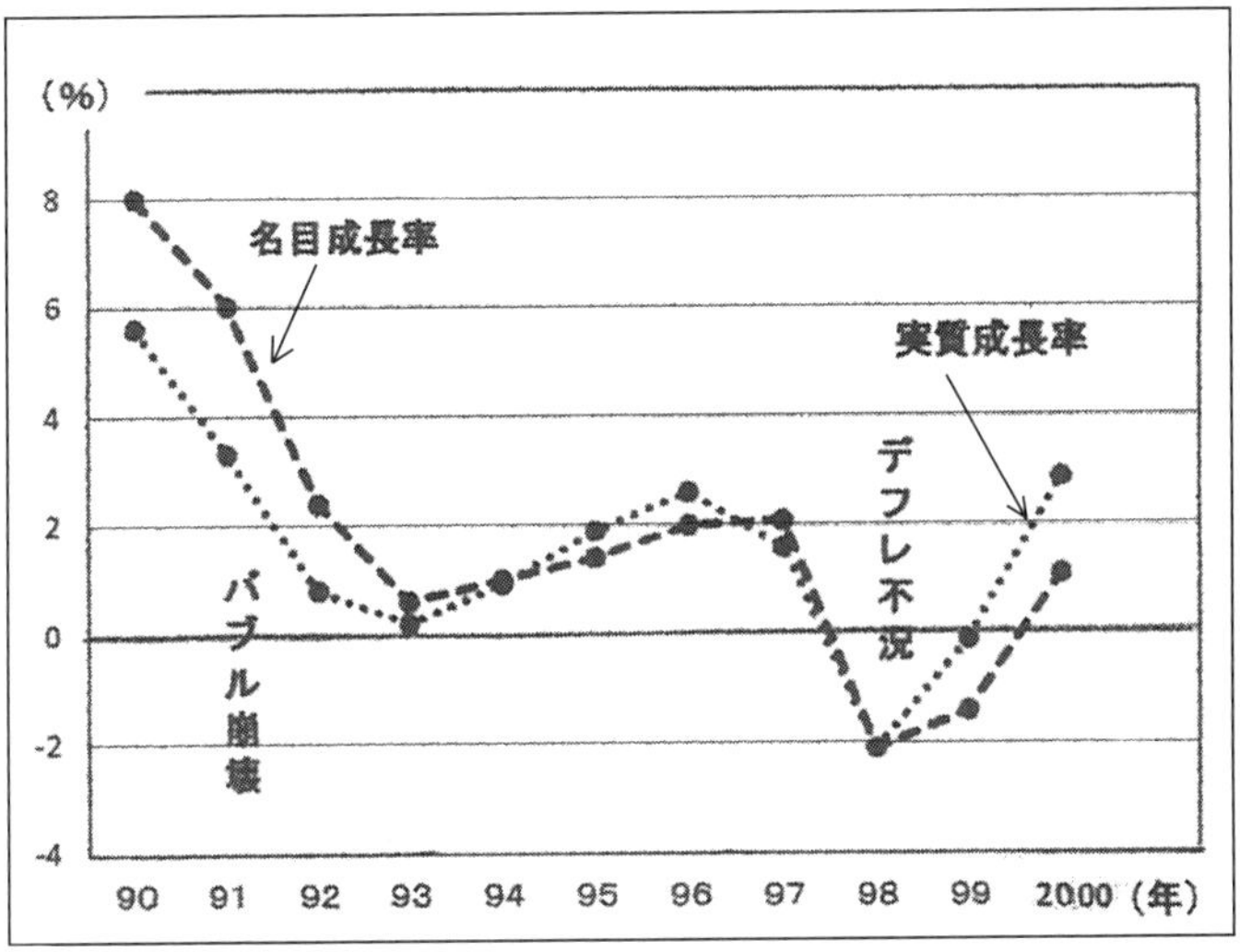

図 18　GDP 成長率

よるアジア向け融資の焦げ付き懸念が出て、貸出抑制を強化せざるを得ない状況に追い込まれていた。

そこで、銀行への三〇兆円の公的資金の投入が政府サイドで決められる。このうちの一三兆円は、銀行の自己資本（優先株あるいは劣後債の購入）に充て、一七兆円は預金者保護として預金保険機構に投入されることになった。

これに関する法律は九八年二月に成立し、三月に大手銀行二十一行がこれを受け入れた。公的資金の投入は、バブル崩壊後では、九六年六月の住専（住宅金融専門会社）七社の破たん処置の六八五〇億円に続くもので、この時の銀行への注入額は一兆八千億円だった。

それでも、金融不安は収まらず、橋本首相退陣直前の六月には、「長銀問題」――長期信用銀行の経営不安が浮上した。不良債権問題はそれほど根が深かった。

橋本内閣の6大改革の方向が必ずしも間違っていたとは思わない。だが、平成の「世直し計画」と呼ぶべき大改革をすべて一気にやってしまおうとしたところに無理があり、それが強力なデフレ圧力となって日本経済を襲った。かくして、九八～九九年のGDP（国内総生産）は、名目・実質ともマイナス成長――戦後初めて経験する「デフレ不況」だった。

3　積極財政への転換

昭和初期の「世直し計画」

一九九八年七月の参院選での与党の大敗で、橋本首相は退陣の憂き目にあった。6大改革とりわけ目玉の「財政改革」と「金融改革」が、その意図とは逆に、日本経済を未曾有の混乱に陥れることになったから。選挙前の四月に打ち出した一六兆円超の総合経済対策も後の祭り。国民は改革の失敗をとがめた。

昔の話になるが、昭和四年（一九二九年）七月に民政党内閣が誕生し、浜口雄幸首相・井上準之助蔵相の二人が、「十大政綱」という昭和の「世直し計画」を打ち出した。その柱が緊縮財政と金解禁（金本位制への復帰）だった。

浜口内閣は、昭和五年度に続き翌六年度の予算でも、歳出を大幅削減する超緊縮予算を編成。それには、水膨れ状態にあった日本経済のスリム化――企業の体力を強化して輸出を増やし、慢性不況を抜け出そうというねらいが込められていた。

大正九年（一九二〇年）の「反動恐慌（バブル崩壊）」のあと、日本経済は停滞が続いた。それで、浜口・井上の二人は、「今の不況は先が見えない、だから金解禁をやる、緊縮財政をやる、そうすれば先の見える不況に変わってくる」として改革を強行した。二年前（昭和二年）の「金融恐慌」でいくつもの銀行が破たんし、信用収縮が起きていたその時期に。

それでも、浜口・井上の二人は緊縮財政を転換せず、後に「昭和恐慌」と呼ばれる大不況を招くことになる。昭和五〜六年の経済成長率は、名目ベースでマイナス一〇％弱。卸売物価の下落率は年間一五〜一七％とあり、まさに未曾有のデフレ不況だった。

浜口・井上改革には、不運な出来事も重なった。金解禁の三か月前の昭和四年（一九二九年）十月にニューヨーク株式市場で大暴落が起こり、アメリカが大不況に突入する。このため、日本の輸出は半減。生糸相場が下落し、生産地の農村まで疲弊する。当時は、アメリカ向け生糸輸出が貿易の中心だった。

加えて、昭和五年九月に満州事変が勃発、軍部による満州制圧が始まった。十一月には、浜口首相が暴漢にそ撃され重傷を負う。翌六年四月に若槻礼次郎が首相を引き継ぐが、結局、八か月後の十二月、浜口・若槻とわたった民政党内閣は倒壊。浜口雄幸は撃たれた傷が元で四カ月前の八月に死去、緊縮財政・金解禁に奔走した井上準之助も、翌七年二月に暗殺された。

「昭和恐慌」後の高橋財政

替わって登場したのが、政友会の犬養毅内閣。大蔵大臣に就任した高橋是清は就任当日、金輸出を再禁止。これにより、円はドルに対して半値近くまで下落する。結果的には、これが日本製品の競争力を高め、また企業の合理化が進んでいたこともあって、輸出が増えていくことになった。

財政面でも、高橋蔵相はウルトラC級の大胆な政策を実行。昭和七年度予算で、日本初の赤字国債発行・長期国債の日銀引受に踏み切った。高橋蔵相のいわゆる「一石三鳥の妙手」といわれるもので、これにより、財源は確保され、通貨供給量が増加し、金利も低下した。もっとも、高橋蔵相は、この国債の日銀引受けを「一時の便法」と考えていた。

また、高橋蔵相は財政支出の柱として、軍事費の膨張を容認する一方、農村部救済を主たるねらいとする時局匡救費の拡大に力を入れた。かくして、昭和二年の金融恐慌以降、減少の一途だった銀行貸出も増加に転じ、日本経済はようやくデフレ状態から抜け出すことができた。

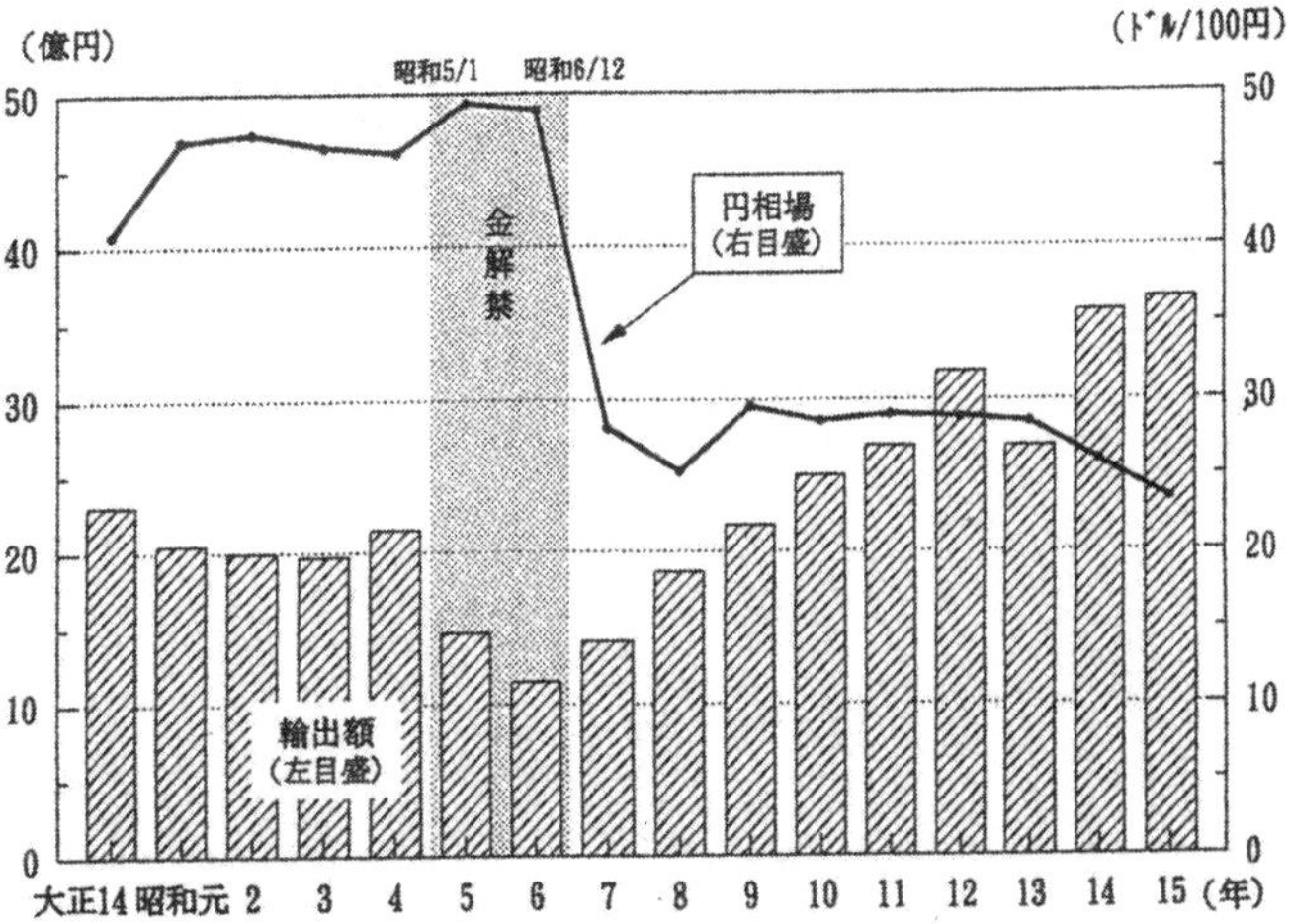

図19　日本の輸出額・円相場（大正14年～昭和15年）

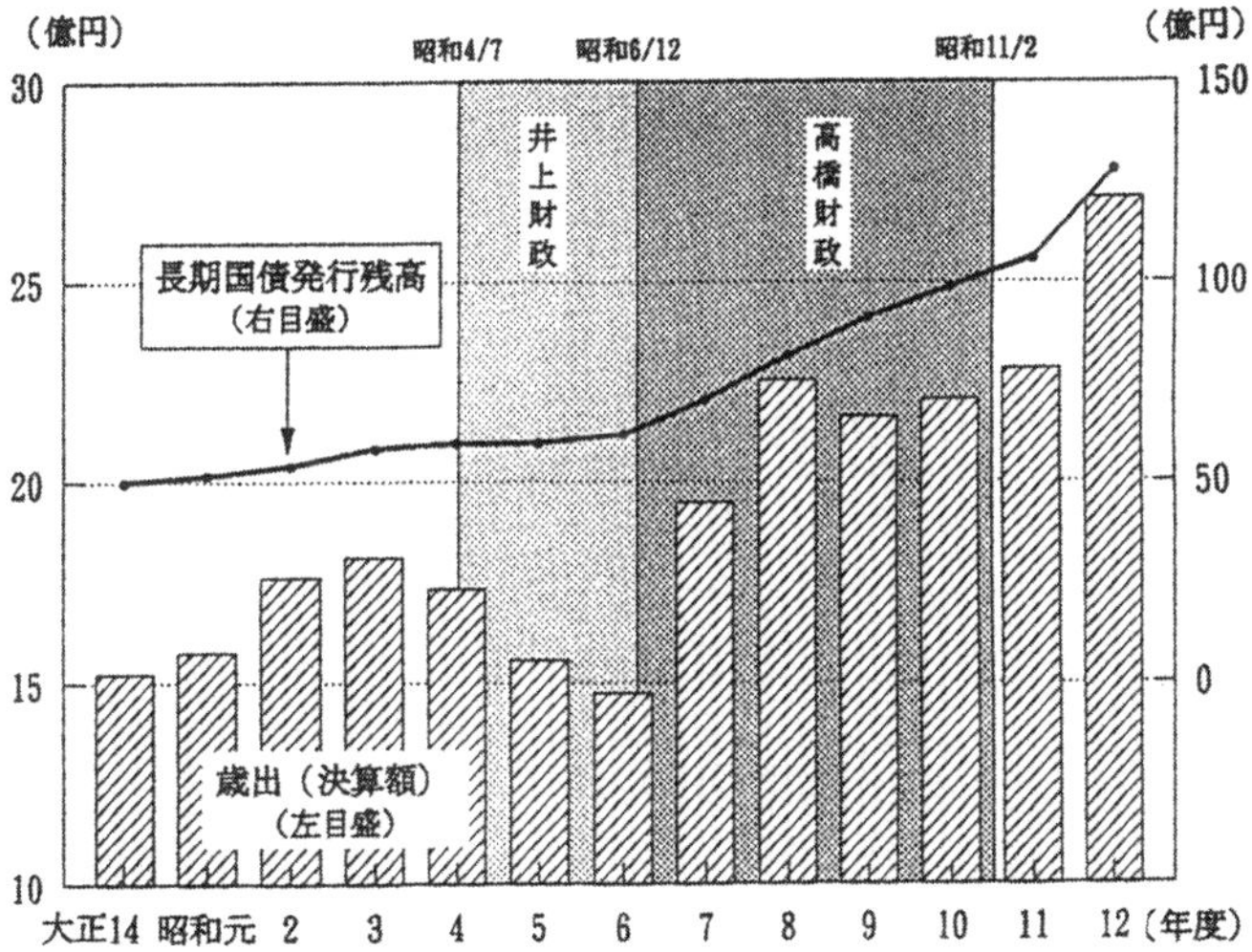

図20　日本の歳出・国債発行残高（大正14年～昭和12年度）

このように大胆かつユニークな政策でもって昭和恐慌を乗り切った高橋財政だったが、やがて軍事費の膨張が止まらなくなる。昭和八年頃には軍事費が一般歳出の四〇%を占めるまでになった。

昭和九年七月以降、高橋蔵相は、軍事費拡大に歯止めをかけようと国債発行の抑制を始めるが、昭和十一年二月に起きた「二・二六事件」で暗殺されてしまう。以後、財政と金融を一手に収めた軍部は軍事拡大の道をひた走る。

小渕内閣による国債増発

平成十年（一九九八年）七月に発足した小渕内閣もまた、前内閣の緊縮財政を一八〇度転換、国債の大量発行を断行する。前内閣が作った九八年度当初予算では、国債発行額は一五・五兆円にまで抑えられていたが、小渕内閣は、「経済再生」を最優先課題とし、年度内に二次、三次と補正予算を編成、国債発行額を三四兆円に倍増させた。

十二月には、前内閣がつくった「財政構造改革法」も凍結する。この法律は、赤字国債発行の毎年度削減を内容とするものだった。

翌九九年度予算では、「経済再生」の財源確保のためとして、国債発行額を過去最高の三七・五兆円とした。二〇〇〇年度も補正後の国債発行額は三三兆円。しかも、それを財源にして恒

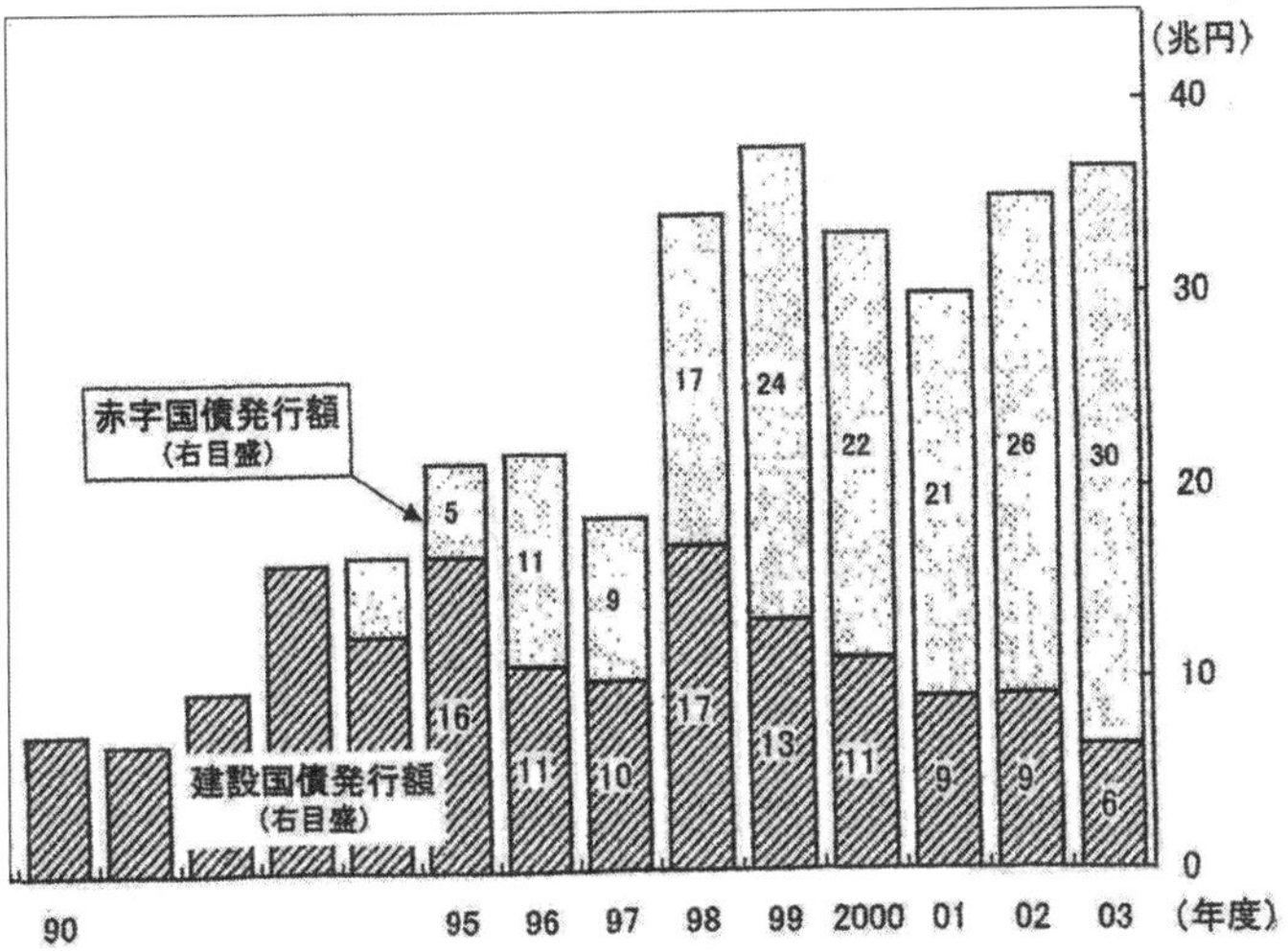

図21　国債発行額

久的減税を打ち出す。

そして、九九年度には、所得税の最高税率を五〇%から三七%に下げ、法人税も二年連続引き下げて、基本税率を三〇%とした。ちなみに、「大不況」さなかの一九三五年八月、アメリカでは高額所得者への増税がなされたのだが。

金融面では、九九年十月に金融危機の回避策として、改正預金保険法・金融再生法と早期健全化法を成立させ、民間金融機関への六〇兆円の公的資金枠（政府保証・交付国債を使う財政措置）をつくった。この金融再生法に基づき、十月に日本長期信用銀行を、十二月には日本債券信用銀行を一時国有化し、翌年三月には、早期健全化法に基づき、東京三菱銀行を除く大手銀行一五行に約七兆五千億円の公的資金を予防的に注入した。

また、二〇〇〇年五月には預金保険法を再改正し、公的資金枠を総額七〇兆円に増やした。

このように金融分野へも大胆な財政出動をやった小渕恵三首相だが、二〇〇〇年四月に急逝した。

日銀は「ゼロ金利政策」を実施

九八年九月、日銀は、公定歩合を〇・五％は据え置いたまま、コール市場（銀行間で短期資金を融通し合う市場）の金利（無担保・翌日返し）の誘導目標を〇・二五％へ引き下げた。この時の日銀のコールレート低め誘導は、八月のロシア通貨危機・米系ヘッジファンド・LTCMの破たんによる国際的な金融混乱の日本への波及の未然防止だった。

ところが、その後、増発を続ける国債の対処策として、日銀による国債の買入・引受を求める政府・与党サイドからの圧力が増してくる。そこで、日銀が実施したのが、いわゆる「ゼロ金利政策」――コールレートの誘導目標を「実質ゼロ」とする水準まで下げた。改正日銀法が施行されて一年もたたない九九年二月十二日のこと。この決定には、日銀が政策決定の自主性を示そうとした面もあった。

また、ゼロ金利政策の実施には、長期金利の上昇を抑制するねらいもあった。国債が大量に

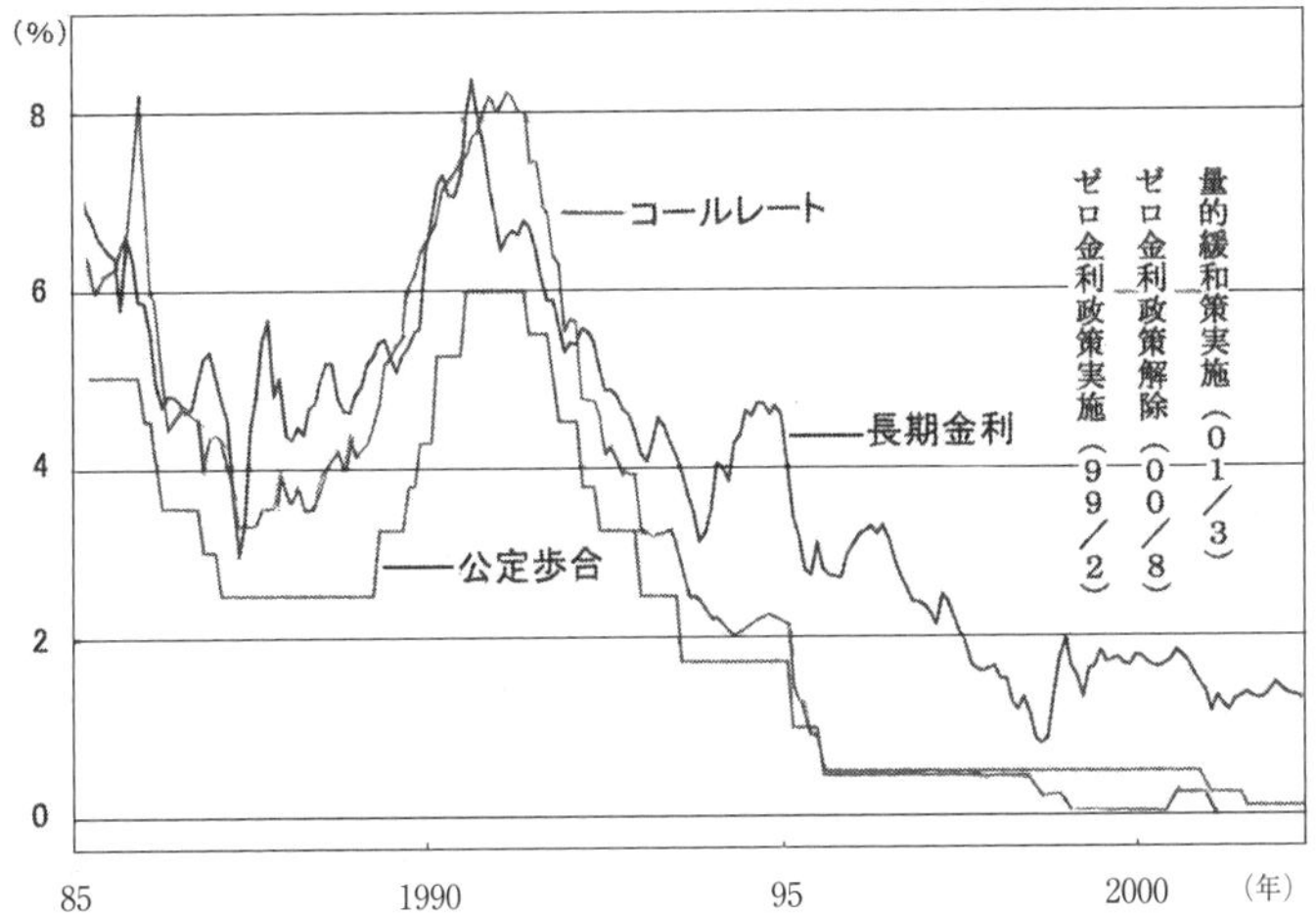

図 22　長短金利

発行されると、国債価格の下落＝長期金利の上昇が心配になる。長期金利が上がると、国債の利払いが増えるだけでなく、企業の設備投資や家計の住宅投資の回復にも水を差す。

では、ゼロ金利実施の前後、長期金利はどう動いたか。指標となる一〇年物国債利回りをみると、九八年九月に一％を割った後、九九年二月に二・四％まで上昇。それがゼロ金利実施後の五月には一・三％まで下がり、その後は一・六〜一・八％に落ち着いた。

長期金利上昇の抑制は、為替相場をも安定させた。九八年八月に一ドル・一四七円だった円相場は、ロシアの通貨危機発生を機に反転、九九年一月の欧州共通通貨・ユーロ導入直後には一ドル・一一〇円まで上昇した。ゼロ金利実施後は、一ドル・一〇〇〜一一〇円のレンジで安定した。

ゼロ金利政策はまた、株価にも好影響を与えた。日本の株価は、長銀破たんの余波で、九八年十月九日にバブル崩壊後の最安値一万二八七九円をつけた。ゼロ金利実施後、株価は回復傾向を示し、二〇〇〇年三月には二万円台に戻る。だが、そのゼロ金利政策は、二〇〇〇年八月に解除された。

では、二〇〇〇年の日本経済はどうなったか。GDP（国内総生産）は名目・実質ともプラス成長に戻るが、なお懸念すべきデフレ要素が存在していた。

その一つが、企業倒産と失業の増大。九七〜九九年の倒産企業の負債総額は、年間一四兆円の水準にあったが、二〇〇〇年は、七月に大手百貨店・そごうグループの破たんがあり、二四兆円に膨らんだ。失業者数も二〇〇〇年には三二〇万人を超える。十年前の九〇年は一三〇万人だった。

日本型市場経済の構築を

それはそれとして、二十一世紀の日本経済となると、やはり6大改革の方向、いわゆる「自由競争」の経済に向かっていかざるを得ない。ひとつには、ソ連の崩壊によって、世界がアメリカを中心に動くようになってきたこと。ゆえに、各国の経済・金融システムもいや応なくアメリカ型に切り替えられていく。橋本改革のビッグバンにしても、やはりアメリカの意図に沿った金融・資本市場づくり——グローバルスタンダードには、そうした側面があった。

ここで言いたいのは、「自由競争」あるいは「市場原理」というのは、基本的には、「強者の論理」ということ。だから全て悪と決めつけるつもりはない。しかし、一部に唱えられている「結果の平等から機会の平等へ」というのは、一種のイデオロギー。強者だけが恩恵に浴し、弱者は切り捨てられていくような経済・社会システムにして、果たして日本という国が成り立つのか。

二十一世紀の日本には、四人に一人が老人という「超高齢社会」がやってくる。その面からいっても、日本の歴史的な慣習や社会の風土に合った経済システム——いわば「和」を重んじた「日本型市場経済」ともいうべきものを構築していくことが大切なのではないか。当時、そんな思いを強くした。

V

市場主義改革の時代

2001 〜 2006 年

二〇〇一年四月に発足した小泉内閣は七月の参院選での与党の勝利に乗り、九月から構造改革に着手した。改革二年目からは、デフレ不況のなかで、日本を完全な市場経済体制に変えようとする「市場主義改革」を実践に移す。

一方、日銀は小泉内閣発足直前の三月、「量的緩和」という世界に類をみない金融緩和策を実施。九月のニューヨーク航空機テロ事件後、その政策を強化・拡大していく。

1　小泉構造改革のスタート

構造改革の中身

小泉内閣の構造改革計画には主要な柱が三つあった。その一つが財政の健全化。小泉内閣の編成した二〇〇二年度当初予算は前年度比マイナス予算、公共事業を中心に歳出が大幅削減される。建設国債の発行額も前年度比二兆円減の六・八兆円となった。

先の参院選で、小泉首相は国民に「自民党を変え、日本を変える」と訴えたが、それは、田中内閣以来の「列島改造型」予算からの脱皮を意味するもの——裏返すと、「東京一極集中」を加速させる発想でもあった。

また、小泉内閣では増税は行なわない方針を明確にした。八〇年代初め、「増税なき財政再建」を宣言した鈴木・中曽根内閣以来のこと。九〇年代の橋本内閣では、財政再建策として増税方針が打ち出され、九七年四月に消費税引上げ、六月に特別減税が打ち切られた。

しかも、橋本内閣時代には財政改革の基本を国債発行の縮減としたのに対して、小泉内閣では三〇兆円までの国債増発を許容した。もっとも、二〇〇二年度補正予算からは、この三〇兆円枠を赤字国債発行限度枠に変えている。

その一方、財政健全化の中期目標として、プライマリー・バランス――国債発行収入と国債元利支払いを除いた財政収支の均衡という新たな方針を打ち出す。橋本内閣時代の財政健全化目標は「二〇〇三年度赤字国債発行ゼロ」だった。

二つ目は、特殊法人の廃止・民営化。「民にできることは民に」というのが小泉首相の持論だった。当時、特殊法人には五兆円を超える国費が補助金などの名目で投入されており、特殊法人改革は財政健全化という点からも避けられなかった。

民営化施策は、八〇年代後半の中曽根内閣時代に、「民活」（民間活力の活用）として実施された。そのときに、電電・専売両公社が民営化され、国鉄も分割民営化されるが、特殊法人の改革までには至らず、懸案としてずっと残っていた。小泉内閣では、橋本内閣時代に国営維持を決めた郵政三事業についても民営化が再検討される。

三つ目は、不良債権の早期処理。橋本内閣時代のビッグバン（金融制度改革）では、日本の金融を銀行貸出中心の資金供給から、資本市場を通じたアメリカ型の資金供給にシフトさせるというものだったが、小泉改革の場合はそれとは違い、不良債権の処理を二〜三年以内に強制的にやってしまおうというもの。銀行が不良債権を抱え込んで処理しないから、成長産業に資金が回らず、いつまでたっても不況から抜け出せないというのがその理由だった。

しかし、不良債権の処理と成長産業への資金供給は別次元の問題。不況は不良債権の処理の遅れが原因とは言えなかった。実際にも、二〇〇二年三月末までの五年間に新たに発生した不良債権――金融庁発表のリスク管理債権の総額は四〇兆円。長引く不況の影響を受けて、企業の売上げが落ち、利益が上がらなくなって倒産する、こうしたデフレ型倒産が増大してきていた。

日銀は「量的緩和策」を実施

二〇〇一年三月、小泉内閣発足直前のタイミングで、日銀は「量的緩和」という異例の金融緩和策を決定した。日銀の金融調節の操作目標は従来からコール市場（銀行間の短期資金融通市場）の金利（無担保コール翌日返し）としてきたが、それを民間銀行が日銀に保有する当座預金の残高としたのだ。

また、アメリカで航空機テロ事件が起きた同年九月には、日銀も米欧の利下げに追従する形で公定歩合を〇・一％に下げた。このときは世界同時株安が進行し、日本市場でも銀行株を中心に株価が下落した。

では、日銀はなぜ「量的緩和」を採用したのか。それには、二〇〇〇年八月の「ゼロ金利解除」が関係していた。その時の日銀政策決定会合でゼロ金利解除を提案したのは、議長の速水優日銀総裁。政府代表による議決延期請求は否決され、議長提案のゼロ金利解除が可決された。

ゼロ金利解除の決定は日銀が「デフレ懸念の払しょく」の展望に立ってのことだったが、新日銀法の下で、金融政策決定における日銀の自主性を示そうとする意思も強く働いた。しかし、ゼロ金利解除後、アメリカで「ＩＴバブル」の崩壊が起こり、日本の景気も悪化。十月には、千代田生命保険、協栄生命保険が相次いで経営破たんした。

また、ゼロ金利解除後は株価の下落も続く。ゼロ金利解除前の四月には二万円台に戻っていた平均株価が十二月には一万三〇〇〇円まで落ちた。追いつめられた日銀は翌年一月から利下げを再開、三月一日に公定歩合を〇・二五％に引き下げた。それでも株価下落は止まらず、三月十九日には一万二〇〇〇円を割り込んだ。そこで日銀が窮余の策として採用したのが、すなわち「量的緩和」だった。

ゼロ金利解除に先立ち日銀が展開したのが、いわゆる「ダム論」――ダムに（企業部門）に溜まった水（収益）は、やがて下流（家計部門）に流れ出すというものだった。この論は、国内でも新自由主義者が唱えるトリクル・ダウン論（富者に所得が溜まれば、やがて貧者にもこぼれ落ちてくる）と発想的には同じ。しかし、増加した企業収益は日銀の想定した雇用・賃金の増加にはつながらず、企業の内部資金の積上げや銀行借入の返済に回された。

日銀当座預金とは

国内の民間銀行には預金者への支払準備として、日銀にある預金口座に一定の残高の積置きが義務付けられている。日銀の「量的緩和」とは、その法定準備を超える残高を民間銀行に「日銀当座預金」として積増しさせるというもの。

日銀当座預金とは、日銀のバランス・シートに負債として計上される帳簿上の通貨（マネタリーベース）。日銀が発行する日銀券は民間銀行が日銀当座預金を引き出した時にマネタリーベースの代用物（日銀の債務証書）として発行され、同時に日銀の負債勘定に「発行銀行券」として計上される。なお、政府発行の硬貨もマネタリーベースに含められるが、現金通貨（市中に流通する通貨）の二〇分の一程度。

量的緩和策採用時の日銀当座預金の目標残高は五兆円――必要準備を一兆円上回る程度だった。その後、目標残高が引き上げられ、日銀総裁の交替があった二〇〇三年月三月には一五～二〇兆円。長期国債の購入額も毎月一兆二千億円に増額された。

日銀当座預金は、銀行間の資金決済の口座でもある。この資金が潤沢になれば、銀行はコール市場での資金調達をしなくてすむ。だから、コールレートは事実上、ゼロとなる。また、日銀当座預金は民間銀行による国債の引受資金として使われる。国も日銀に預金口座を持ち、国庫金（財政資金）はこの口座で一元管理されている。だから、新発国債の引受代金はすべてこの政府口座に振替られる。

日銀が量的緩和策によって当座預金残高を増やすには、民間銀行が引き受けた国債を買い入れなければならない。財政ファイナンとしての日銀の国債引受は、財政法及び日銀法で禁止されているが、民間銀行からの国債買入れは、金融調節の手段（オペレーション）として許されている。つまり、名目が金融調節なら、日銀はいくらでも国債の買入れができるということ。

ちなみに、日銀が保有する国債残高をみると、量的緩和実施前の二〇〇〇年末には五六兆円だったが、二〇〇五年末には九九兆円に増えている。

ヘリコプター・マネー論

二〇〇二年末頃から民間エコノミストの間でデフレ議論が盛んになり、当時のFRB理事バーナンキの語る「ヘリコプター・マネー（おカネのバラ撒き）」論が広がった。中には、政府紙幣の発行を唱える者もいた。ならばと私が考えたのが「土地国有化（所有と使用の分離）」

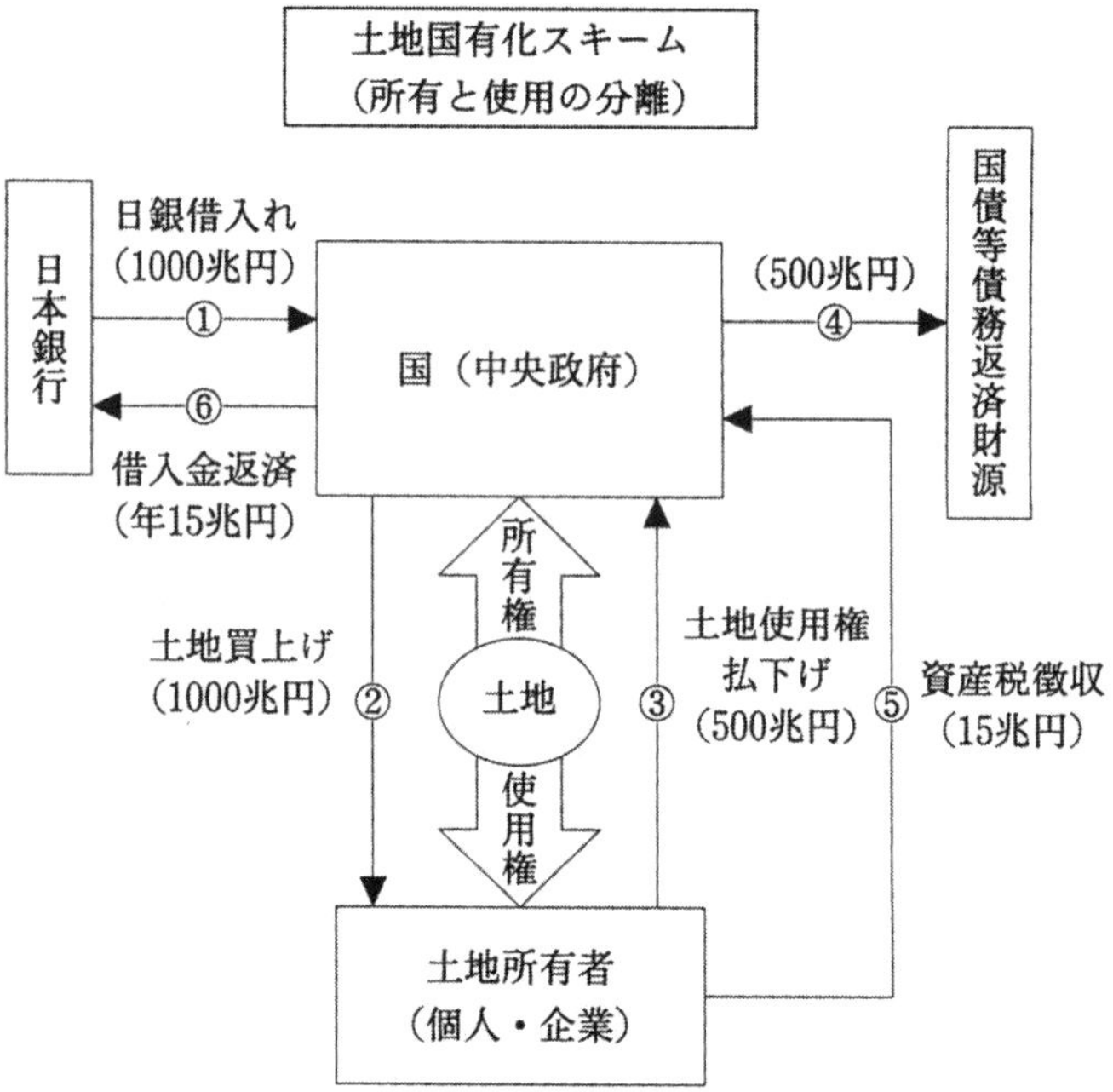

図23　土地国有化スキーム（私案）

なるヘリコプター・マネー・スキームだった。

九〇年のピーク時には二四〇〇兆円（公示価格ベース）あった日本の民有地の時価総額〈公示地価〉が二〇〇二年には一二〇〇兆円と半分に目減り。路線価（公示地価の八割）は一〇〇〇兆円となった。これを国が全部買い上げてはどうか。図に沿って、順次説明していく。

①国は、日銀から一〇〇〇兆円の資金を借り入れる。期限は七〇年、利率は年〇・一％。

②国は、一〇〇〇兆円で民有地全部を買上げ、所有権を国に

帰属させる。
③同時に、国は、旧土地所有者に土地使用権（売買、貸借、担保設定可能）を購入価格の五〇％の価格（総額五〇〇兆円）で旧土地所有者に払い下げる。
④国は、その売却代金（五〇〇兆円）を国債の償還財源に充てる。
⑤国は、土地使用権の保有者から三％相当の資産税（年間一五兆円）を課税する。同時に固定資産税（地方税）を廃止する。
⑥国は、資産税収入（年間一五兆円）でもって日銀借入れを返済していく。
このスキームでは土地の所有者は所有権を失うことになるが、使用権が払い下げられるから土地利用では旧来と変わらない。しかも、土地買上げ代金の半分が残る。実現すれば、政府債務の削減、不良債権問題の解消、デフレからの完全脱却、と「一石三鳥」の効果が期待できると思ったが、やはり在来のヘリコプター・マネー論にもまさる愚論だったか。

2 新自由主義の台頭

「優勝劣敗」の市場主義

二〇〇二年六月のサミット（先進国首脳会議）で、小泉首相は「構造改革の断固たる推進」

を公約。その後は「構造改革こそデフレ克服策」発言を繰り返す。

小泉改革の基本方針をつくるのは、経済財政諮問会議（二〇〇一年一月の内閣府設置法によってできた国の機関）。小泉首相を議長とし、大臣五人、日銀総裁、民間人四人（うち学者二人）の十一人からなる。名称に「諮問（意見を求める）」の文字が入っているが、諮問会議で決まったことはそのまま閣議で了承される。

この諮問会議の特徴は、そのメンバーのうち、学者出身の経済財政担当大臣竹中平蔵氏ら中心が市場主義（アメリカの新自由主義思想）の賛同者だったこと。それゆえ、経済財政諮問会議が作った改革プラン（いわゆる「骨太の方針」）には、供給サイド重視――「経済の効率性のみ追求すべし」、あるいは「重要なのは競争で、それを促す制度」といった市場主義の考え方が貫かれている。

これを私流に解釈すると、政府による「優勝劣敗」の実践、俗にいえば、「強きをたすけ、弱きをくじく」となる。そこには、政治の基本理念――「経世済民」（「経済」の語源・世をおさめ、民をたすける意）は見られなかった。

「竹中プラン」による不良債権処理

「優勝劣敗」の実践は、不良債権の処理に端的にあらわれる。改革プラン作りの主要人物だった竹中大臣は、不良債権問題について、時代に適応できなくなった衰退産業の問題としてとらえ、「銀行が衰退産業をいつまでも整理せずに温存しているから不良債権の処理が進まないのだ」と。そこで、小泉首相は、二〇〇二年九月末の内閣改造おいて、従前の金融安定化路線を堅持する柳沢伯夫金融担当大臣を更迭、竹中氏にそのポストを兼任させた。

竹中氏は金融担当大臣に就任直後、「銀行による不良債権処理が進まないのであれば、政府が直接、強制的に衰退産業を退場させる、もしこの処理をやって銀行が資本不足になるのなら、その銀行に公的資金を注入する」と表明。この「竹中ショック」によって、九月末に九三八三円だった株価は、翌年三月末には八二八〇円まで下落、四月二八日には、バブル崩壊後の最安値七六〇七円をつけた。

しかし、竹中大臣の資産査定厳格化方針の下に、政府は民間銀行の資産査定を実施。そして、六月十日、自己資本比率が規定水準を下回るとして、りそな銀行に公的資金一・九六兆円注入(預金保険機構による新株引受)を決定、同行を実質国有化とした。その措置に、先の長銀・日債銀のケース(外資へ売却)が頭に浮かんだ。

定着化するデフレ経済

一九九八年から、日本は、戦後の世界では、どの国も経験したことのないデフレ経済に入る。

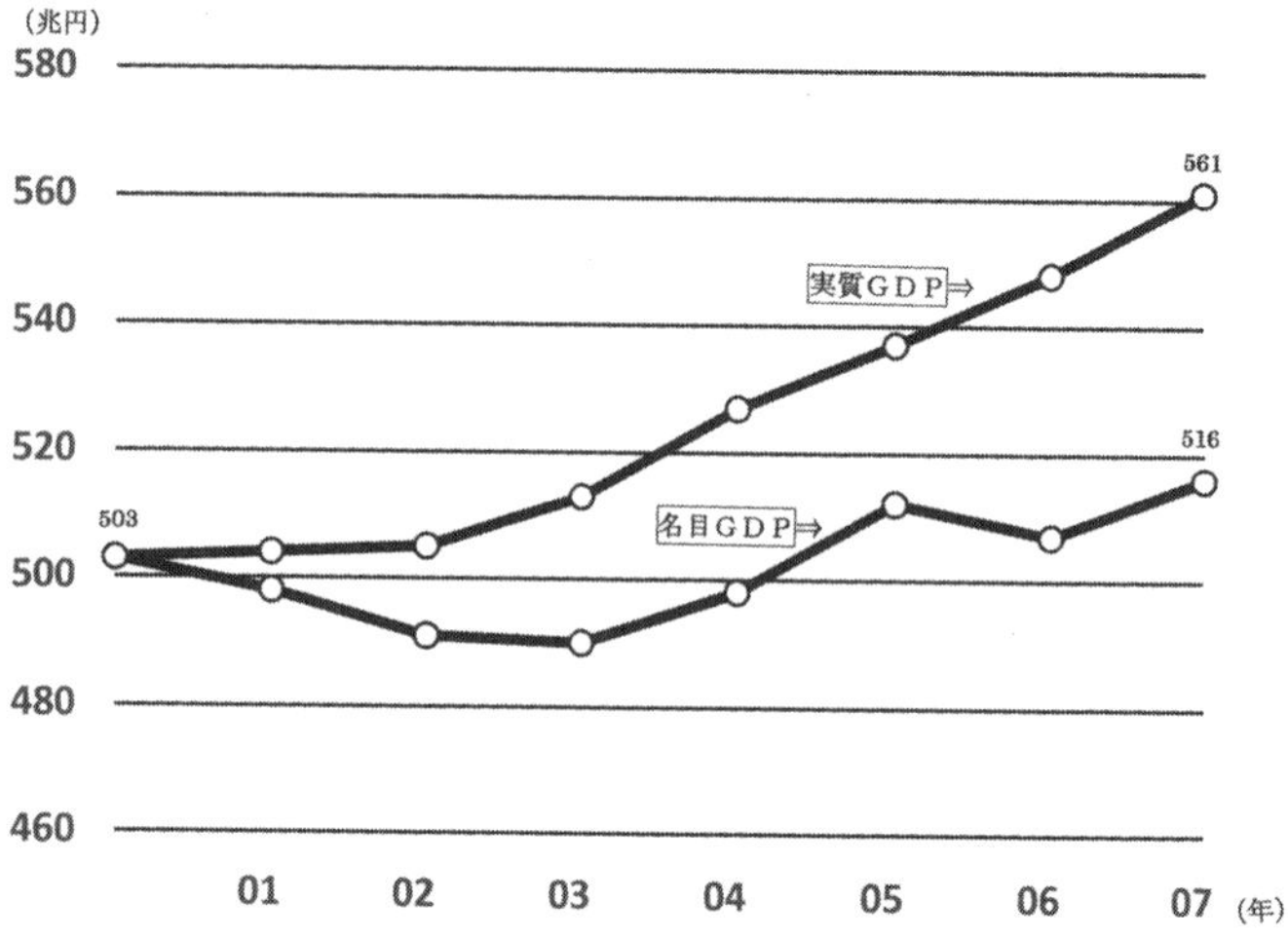

図24　GDP（国内総生産）

二〇〇一年三月には、政府がデフレを「持続的な物価の下落」と定義変えし、「現在、日本経済は緩やかなデフレにある」との見解を示した。だが、政府が重大視するデフレ問題に、国民はさしたる関心を示さなかった。国民の生活感覚からすれば、物価安は常に歓迎すべきことだから。困るのは、デフレ不況——すなわち物価下落を伴う景気の悪化が続くこと。

　では、日本の経済はどうなっているのか。マクロ的にみれば、名目ＧＤＰ（金額ベース）の増加率が実質ＧＤＰ（数量ベース）の増加率を下回る状況が続く経済になっている。これは、実質所得（購買力）の増加を意味する。

　そこで、国の統計を見ると、二〇〇七年の名目ＧＤＰは五一六兆円と二〇〇〇年の五〇三兆円から一三兆円増えている。一方、二〇〇〇年基準で計算した実質GDPは五六一兆円と二〇〇〇年に比べて五八兆円も増えている。

つまり、日本全体で見れば、二〇〇七年は二〇〇〇年比で所得が一三兆円しか増えていないのに、この間の物価水準の低下によって、財・サービスの購入量が五八兆円も増えたということ。

こうした日本のデフレ経済化は、主として九〇年代半ばからの円高・低金利、規制緩和・撤廃、技術進歩・生産性アップなどによるもので、日本経済の低コスト化でもあった。「物価安」と「物価下落」は似て非なるもの。

ここで注意すべきは、デフレ経済化が進む中で、国民所得（＝雇用者報酬＋財産所得＋企業所得）の分配に変化が生じたこと。実際、雇用者報酬は九七年度の二七九兆円をピークに、七年後の二〇〇五年度は二五四兆円と二五兆円、率にして九％減少している。

その上、雇用者間の所得格差が顕著になる。国税庁の実体調査によると、民間企業勤務者で年間給与額二〇〇万円以下の者は一年未満の勤続者を含めると、九七年に一三五〇万人だったが、二〇〇五年は一六一〇万人と二六〇万人も増えている。

一方、企業所得は九七年度の七一兆円が二〇〇五年度には九六兆円と二五兆円増えている。デフレ経済下において、企業が収益力強化・財務体質改善のために雇用削減・賃金抑制をやった結果ではないか。しかも、黒字申告する事業法人は全体の三割足らず。これが当時の日本経済の実相だった。

通貨供給量は増加

アメリカで同時テロ事件が起った二〇〇一年九月、世界同時株安が進む。そこで、米欧の利下げに追従する形で、日銀も公定歩合を〇・一%に下げた。十二月には量的緩和策を強化――当座預金残高目標を一〇～一五兆円と大幅に引き上げ、毎月の国債買入れ額も六〇〇〇億円に増やした。これによって、コール市場の金利（無担保コール翌日物）は再びゼロ近辺に戻った。

しかし、日銀が実施する金融緩和策は、ゼロ金利にせよ、量的緩和にせよ、本来的には民間銀行に民間（企業・家計）向け貸出（＝預金通貨の提供）を増やさせる目的のもの。通貨量（マネーストック・旧称マネーサプライ）自体を増やすことが目的ではない。

預金通貨とは、民間金融機関のバランス・シートに負債として計上される帳簿上の通貨、すなわち企業・家計が保有する預金のこと。預金通貨は借入が返済されると同時に消滅する。マネーストックは、この預金通貨に現金通貨（日銀券・硬貨）を合わせたもの。

そこで、民間銀行の貸出残高をみると、企業の借入返済や不良債権の処理などから、九七年末の四九〇兆円が二〇〇五年末は四一〇兆円と八〇兆円も減少している。にもかかわらず、九七～二〇〇五年までの八年間にマネーストックは一二〇兆円も増加。民間銀行が、日銀の量的緩和によって増えたマネタリーベース（日銀当座預金）を使って、国から新発国債を購入していたから。

ちなみに、民間銀行が保有する国債の残高は、九七年末の三一兆円が二〇〇五年末には九七兆円と六七兆円増加。この間に、日銀の国債保有額も、四七兆円から九九兆円に膨らんでいる。つまりは、国債買入による日銀の民間銀行へのマネタリーベース（日銀当座預金）供給↓日銀当座預金を使っての民間銀行の国債買入↓その資金を財源にした政府の財政支出↓家計・企業の銀行預金の増加――この繰り返しによるマネーストックの増加だった。

日銀が「量的緩和策」を解除

日銀が量的緩和に踏み切ったのは二〇〇一年三月。その背景には、国内景気の悪化があり、九八年不況の時のように、物価下落と景気悪化というデフレ・スパイラルの進行が懸念される状況にあった。しかし、二〇〇四年から景気は好転し、ＧＤＰ成長率は名目・実質ともプラスに戻った。

二〇〇五年に入ると、量的緩和策の効果で金融不安も収まり、秋頃には、日銀が量的緩和策解除の条件としてきた消費者物価（ＣＰＩ）がゼロ水準以上になる展望ができるようになった。そこで、日銀は量的緩和解除に向けた動きが出てくる。この日銀の動きに、政府サイドは警戒感を強める。小泉首相が「時期尚早」と語り、自民党政調会長中川秀直氏は、「日銀法の改正も視野に入れる」とまで言った。

しかし、デフレ・スパイラルが回避された後も量的緩和策を続けるとなると、日銀の「量的緩和」は、実質的には、民間銀行を介しての「国債引受」となってくる。そこで、二〇〇六年三月、日銀は、条件が整ったとして量的緩和策の解除に踏み切った。金融調節手段は従来のコール市場の金利（無担保コール・翌日物）に戻され、ゼロ金利政策が復活する。

この量的緩和解除に前後して、竹中大臣ほか政府・与党内のリフレ派（インフレ推進者）から出てきたのが、インフレ目標を設定し、目標達成のための金融政策を日銀に実施させる――いわゆる「インフレ・ターゲット論」だった。物価が目標水準に上がるまで、日銀は通貨供給量を増やし続けよ、というもの。日銀に量的緩和の継続かつ強化を求める論にほかならない。

「郵政民営化」の持つ問題

二〇〇四年九月、小泉首相は、自らが改革の「本丸」と公言する郵政民営化の準備に本格着手。九月十日には、郵政民営化の基本方針を閣議決定し、二七日には、竹中経済財政担当大臣を金融担当兼務から郵政民営化担当兼務に切り替えた。二〇〇五年一月には、小泉首相が郵政民営化法案の国会提出を宣言。法案審議においては、与党の中からも反対が出て、異例の大紛糾となる。

郵政三事業を二〇〇七年度に民営化（株式会社化）するという改革プランには、行政改革の一環と位置づけられていた。問題は、資産総額三四〇兆円を持つ簡保・郵貯の二事業の民営化にあった。

第一は、郵貯・簡保の完全民営化によって、その資金の運用がフリー・グローバルになることと。四五年前（一九六〇年）、政府は公債発行政策を採用するが、そのとき問題となったのが国債の消化方法だった。当時の大蔵大臣福田赳夫氏は国債の日銀引受の意向をみせたが、最終的には、市中消化（民間銀行団引受）と旧大蔵省の資金運用部引受（財源は郵貯・簡保）とすることで決着した。

一九九七年の「財投改革」では、資金運用部が廃止され、郵貯・簡保資金の自主運用が認められたが、その後も、資金運用は国債のみに制限されてきた。国債の増発が続くなか、国債消化が円滑に進んできたのは、このシステムが機能してきたから。郵貯・簡保の国債保有シェアは合わせて三〇％を超える。

郵政が民営化されると、その資金は運用成績最重視の運用となり、米国債など外国債券や内外の株式投資などにも向けられる。つまりは、郵貯の「投資ファンド化」ということ。郵貯が銀行法上の銀行になっても、既存の銀行のような信用創造（預金通貨の創出）機能はないから。

第二に、郵貯・簡保の民営化は、その資金をねらうアメリカの要請でもあったこと。九〇年代入り後、アメリカ政府の対日要求は、円安・ドル高是正から、アメリカ基準による日本の経済・金融制度の抜本改革に移った。そして、九三年七月の宮沢・クリントン会談後は、アメリカ政府から日本政府へ年次ごとの「改革要望書」が提出され、日本では、それに沿った改革がなされてきた。

二〇〇一年六月の小泉・ブッシュ会談後は、「日米規制改革協議」を立ち上げる。「郵政民営化」においても、それの法案審議の過程で、民営化（株式会社化）後の全株放出に言及した「年次改革要望書」の存在やアメリカ政府との協議の事実が明らかにされ、それが議会紛糾の原因になった。

それでも、郵政民営化法案は、衆院解散・総選挙を経て、二〇〇五年十月十四日に成立する。ただ、その過程で見せた小泉首相の政治手法——与党内の法案反対者さえも、「抵抗勢力」として徹底排除するやり方に、ある種の懸念を感じたのは私だけだったか。

VI

2000年代のアメリカ経済

1　リーマン・ショック前

ITブームによる好景気

クリントン政権下の九七～二〇〇〇年の四年間、アメリカは、実質GDP成長率が四％台の高成長を実現。失業率も九七年から四％台まで下がり、九九年には失業率の日米逆転まで起きた。湾岸戦争をやった九〇年台初頭のアメリカ経済の停滞ぶりからは想像もつかなかった。この好景気は、当時、「ニュー・エコノミー」と呼ばれ、アメリカに「新時代」が到来したとまでいわれた。

では、アメリカに好況をもたらしたものは何だったのか。一言でいえば、「IT革命」、すなわち情報通信分野での技術革新の急進展だった。九〇年代後半から、アメリカのIT企業のメッカ・シリコンバレーを中心にベンチャー企業創業ブームが巻き起こり、インターネット関連企業の設備投資が活発化――ナスダック市場（ベンチャー企業向け株式市場）は大活況を呈し、株式公開で巨万の富を手にしたベンチャー企業創業者が続出した。

ニューヨーク株式市場も絶好調。ダウ平均株価は、九四年末の三七九〇ドルが、九六年末には五七四〇ドルに上昇。この時点で、当時のグリーンスパンFRB議長が「根拠なき熱狂」と

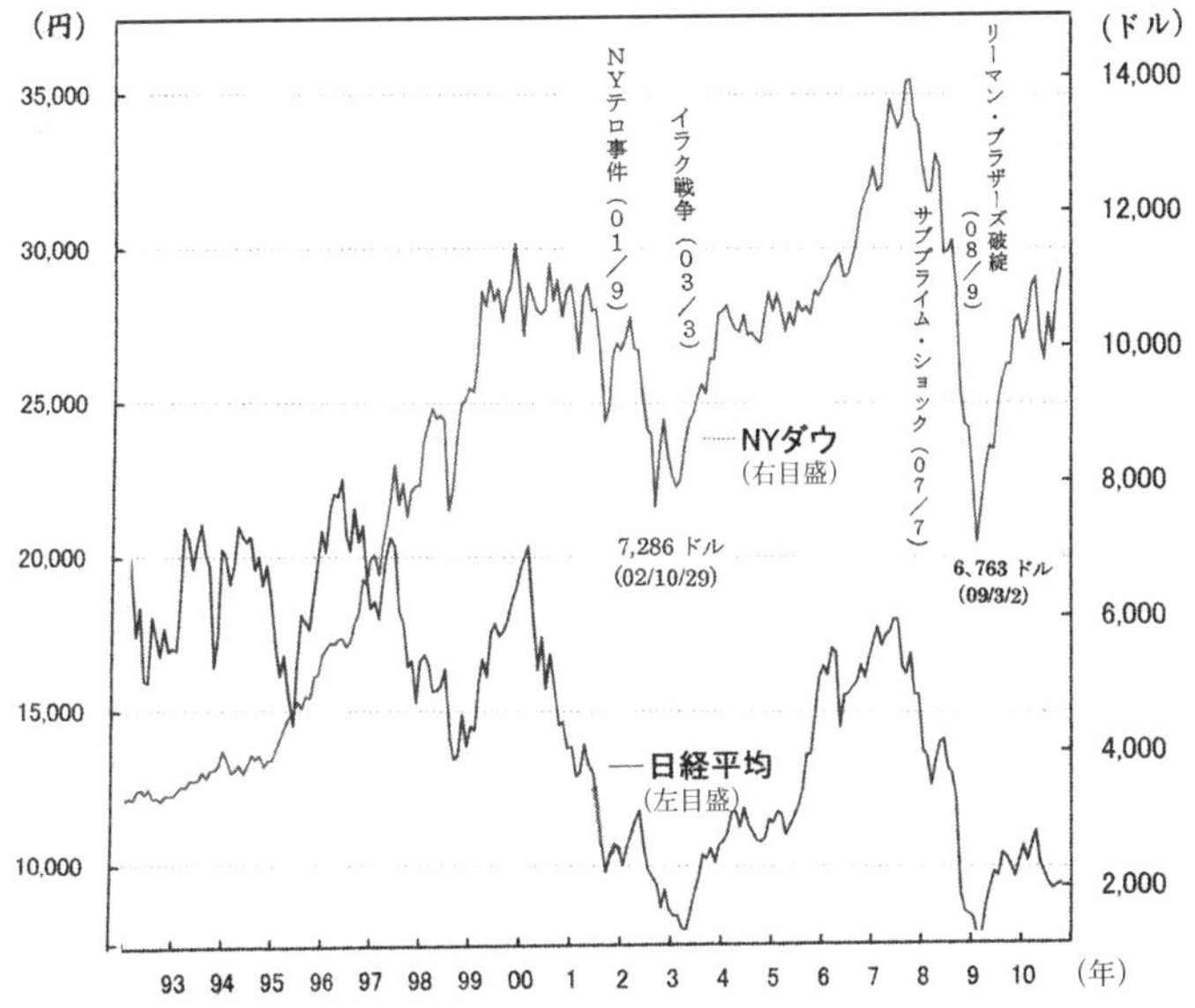

図 25　日米の株価

警告を発したが、その後も株価上昇は止まらず、九九年末には一万四六〇〇ドルと一万ドルの大台に乗せた。

その株価高騰がアメリカ国民、とりわけ高所得者層の消費を勢いづかせ、アメリカ版・バブル景気を現出させた。ちなみに、このときのNY市場の時価総額は東京市場の二倍を超え、ナスダック市場も東京市場を上回った。

このバブル景気によって税収が増大、九八会計年度の連邦財政は一九六九年以来の黒字。続く九九会計年度も一二五〇億ドルの黒字、二〇〇〇会計年度は二三六〇億ドルと過去最高の黒字を計上した。レーガン・ブッシュ時代の連邦財政を思えば、まことに信じがた

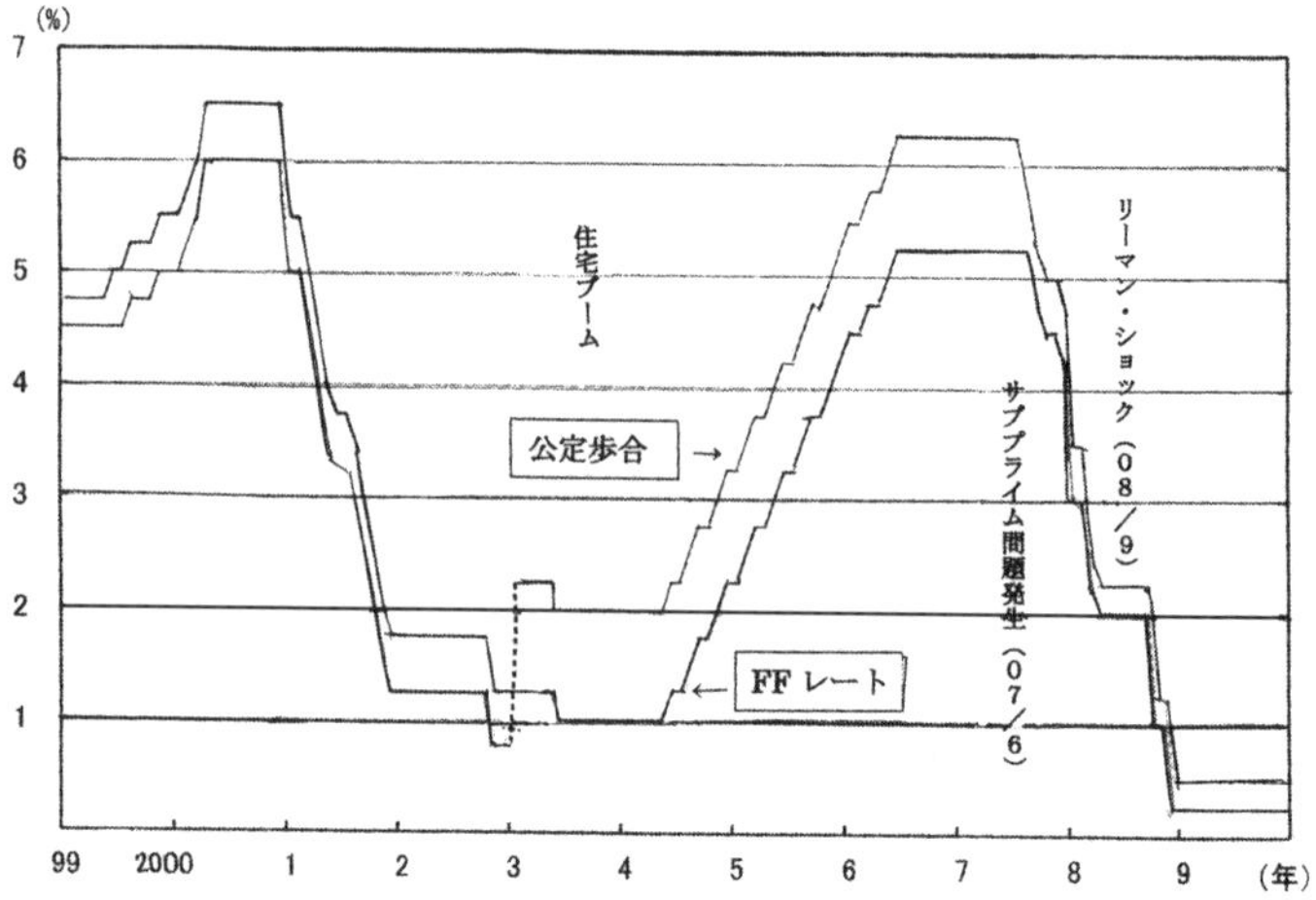

図26　米国の金利

いことだった。

　だが、アメリカの対外赤字は拡大する一方。事実、九九年の貿易赤字は三四六〇億ドルと四年前の二倍。翌二〇〇〇年は、それをさらに上回る四五二〇億ドルの赤字。経常収支の赤字も四一三〇億ドルと初めて四〇〇〇億ドルの大台に乗せた。貿易・経常赤字の拡大が止まらず、アメリカからの資本流出↓ドル暴落といった事態になれば、インフレ加速はもとより、アメリカの好景気を支える株式市場にも混乱を起こしかねない。

　そこで、FRB（米連邦準備制度理事会）は二〇〇〇年五月、前年六月以降、六回目の利上げを実施、誘導目標のフェデラルファンド（FF）レートを六・五％、公定歩合を六・〇％とした。

この利上げを機に、アメリカのITバブル崩壊がはじまり、三月に五〇〇〇を超えたナスダック総合株価指数は、年末には二〇〇〇まで落ちた。同時に、九七年からのアメリカの好景気も終止符を打つ。なお、FFレートは、アメリカ国内の銀行間短期資金取引市場の金利で、日本のコールレートに相当する。

ITバブルの崩壊

二〇〇一年入り後、FRBは、ITバブルの崩壊の影響による景気悪化を懸念して、矢継ぎ早に利下げを実施。八月の五度目の利下げでは、FFレートを三・五%、公定歩合を三・〇%とした。

そんな矢先の二〇〇一年九月十一日、アメリカのシンボル——ニューヨークの超高層ビル二棟がイスラム原理主義者の航空機テロ攻撃によって壊滅された。ニューヨーク証券取引所は直ちに取引を停止。世界の株式市場は大混乱した。

取引再開となった十七日、FRBは利下げを断行。これに追随して、十八日にはECB（欧州中央銀行）が、十九日には日銀が利下げを実施する。それでも、世界の株式市場の混乱は収まらず、二十一日はNY株価（ダウ平均）が八二〇〇ドル台まで落ちた。

そこで、グリーンスパンFRB議長は、「どんな政策手段も躊躇しない」と言明し、利下げを続行。十二月には、ＦＦレートを一・七五％、公定歩合を一・二五％まで下げた。これで株価が復調し、翌二〇〇二年三月には一万ドル台に戻る。だが、ＮＹ株価は、アメリカ景気の悪化を受けて、再度、下落に転じ、十月二九日には、七三〇〇ドルを割った。

アメリカ企業の収益状況も悪化。二〇〇二年のアメリカの国内企業の利益は、ピークをつけた九七年の四分の三の水準となった。とりわけ製造業がひどく三分の一にまで落ち込む。アメリカのビッグ企業の破たんも起きる。

二〇〇一年十二月のエネルギー事業のエンロン破たん、二〇〇二年七月の通信事業のワールドコム破たんなど。九〇年代後半には、どちらも超優良企業として名をはせた企業だった。エンロンの不正会計に加担したアメリカの最大手会計事務所・アーサー・アンダーセンも解散した。

二〇〇三年三月のイラク武力攻撃は、国内の沈滞ムード吹き払おうとするブッシュ政権の窮余の一策にも見えた。だが、二〇〇三会計年度の財政赤字は三八〇〇億ドル、貿易赤字も五四〇〇億ドルに増大。このブッシュ政権がつくった「双子の赤字」は、一〇年前のレーガン政権のそれよりも財政赤字が二倍、貿易赤字は五倍も大きかった。この「双子の赤字」が世界の金融市場において、「過剰ドル」という巨大なマグマをつくり出す。

住宅ブームの到来

アメリカ経済の停滞が続く二〇〇二年十一月、ＦＲＢは一年ぶりに利下げを実施、公定歩合を〇・七五％まで下げた。これは、一九三〇年代の「大不況」の時代のアメリカの公定歩合一・〇％を下回る。グリーンスパン議長の率いるＦＲＢは、まさに歴史的な超低金利を現出させた（アメリカの公定歩合は二〇〇三年一月以降、「優先的信用供与金利」に替わる）。

そして、ＦＲＢの誘導目標のＦＦレートは、二〇〇一年十一月から二〇〇四年十二月までの三年余の間、一・〇〜二・〇％の水準に抑えられた。この長期にわたる超低金利政策の結果が「住宅バブル」だった。

ＩＴバブルの崩壊で、ＩＴ関連を中心とした企業の生産設備の拡大が止まり、民間企業の資金需要が低迷するなか、金融業界が目を向けたのが国内の住宅需要だった。

アメリカの住宅市場は日本と違って中古住宅が九割を占める。その中古住宅の販売戸数が二〇〇五年には七〇〇〇万戸を超えた。二〇〇〇年は年間五〇〇〇万戸程度だった。新築住宅の販売戸数も九〇万戸から一三〇万戸近くに増える。同時に、銀行などの住宅ローンも増大し、住宅価格の上昇が続く。

そこで、住宅ブームによる物価上昇に警戒感をもったＦＲＢは、二〇〇五年中に八回利上げを実施した。翌二〇〇六年二月に、グリーンスパンの後継としてＦＲＢ議長に就いたバーナンキも利上げを続行、五月にＦＦレートを五％台に引き上げる。以後、住宅需要の減退と価格低落が続き、アメリカの「住宅ブーム」は急速に冷え込んでいく。

サブプライム問題の発生

アメリカの銀行の住宅融資には、通常の住宅ローン（プライムローン）の外に、サブプライムローン（信用度の低い層向けの住宅ローン）がある。そのサブプライムローンが二〇〇二年からの住宅ブームの中で急拡大していく。

ところが、二〇〇六年夏以降、住宅金利の上昇や価格の下落で、サブプライムローンの焦げつきが増え、年末には大手のローン専門業者が破たんした。翌年二月には、銀行の住宅ローンの延滞率の大幅上昇が明らかにされ、サブプライム問題が金融関係者の間で注目を集めるようになった。

三月にはアメリカ議会でも取り上げられたが、その時は政府・ＦＲＢのどちらも、この問題をまだ深刻には受け取っておらず、アメリカ経済や金融市場へ及ぼす影響は限定的との見方をしていた。しかし、六月に入ると、サブプライム問題をめぐる状況は大きく変わってくる。全米第五位の投資銀行ベアー・スターンズの子会社の投資ファンド2社が証券化商品への投資で多額の損失を出し、親会社がその穴埋めを表明した。それが元でベアー・スターンズ本体が経営不安に陥る。

八月には、ドイツの中堅銀行ＩＫＢ産業銀行がアメリカの証券化商品への投資の失敗で巨額の損失を出す。さらに、フランスの大手銀行バリバＢＮＰのニューヨークの子会社がサブプライムローンを組み込んだ証券化商品への投資の失敗から運用資産の償還凍結を発表する。これによる金融混乱を懸念したＥＣＢ（欧州中央銀行）は短期金融市場への無制限の資金供給を発表した。

その余波を受け、九月にはイギリスの中堅銀行ノーザンロックに取り付け騒ぎが起き、英政府が預金の全額保護を表明。そして十二月、アメリカのＦＲＢ（連邦準備制度理事会）が世界の主要中央銀行に無制限のドル資金供給（ドル・スワップ）を発表する。

「証券化商品」の問題点

では、アメリカのサブプライムローンのどこに、どんな問題があったのか。その第一は、ローンを提供した銀行がそのローンを束ねて証券子会社（投資ヴィークル）に売却する方法で、それを「証券化商品」に仕立て、別の証券業者やファンドに転売したこと。

銀行ローン（債権）の証券化を認めたのが、金融自由化をうたう一九九九年「金融近代化法」だった。それまでは、一九三三年につくられたグラス・スティーガル法（ＧＳ法）によって、銀行・証券の分離がなされていた。ＧＳ法は、一九二九年十月のニューヨーク株価暴落、それに続く大不況発生には、当時の商業銀行の「証券兼営」に問題があったとして制定されたものだった。

この「証券化」の手法を使うと、銀行はＢＩＳ規制（自己資本比率規制）の制約を受けない上、証券化されたローンを転売すれば、信用リスクからも解放される。このため、銀行の個人向けローンの提供が安易になった。

また、証券化商品を買った投資銀行も、その証券化商品に複数の証券化商品を組み合わせ、別の証券化商品をつくり、それを投資家に転売した。これにより、原債権のローンが焦げついた時、どの証券化商品にどれだけの焦げつきローンが含まれているのか、まったく分からなくなった。

第二は、商品化証券を購入した投資ファンドが収益率を高めるために、証券化商品を担保にして新たに資金を調達し、その資金でもって新たな証券化商品の買入れを繰り返したこと。つまり、投資ファンドは、このレバレッジ手法でもって、ファンドの運用資産を何倍、ファンドによっては何十倍にも膨らませていった。この場合、運用の失敗があれば、レバレッジが逆回転して損失が巨額になる。

しかも、投資ファンドは、その資金調達の大半を短期資本市場（ＭＭＦ市場）に依存していた。この場合、証券化商品を保有する投資家の売りが大量に出てくれば、投資ファンドは流動性（支払資金）不足に陥る。それが親会社の商業銀行や投資銀行に及び、金融市場のクレジット・クランチ（信用収縮）が起きた。

第三の問題は、証券化商品にムーディースやS&Pなど最大手の民間格付機関によるハイレベルの格付評価がなされたこと。それでもって、証券化商品がローリスク・ハイリターンの優良証券として世界の投資家に売り捌かれ、「メイド・イン・アメリカ」の証券化商品は海外投資家の格好の運用対象となった。

海外からのドル金融資産の購入は、アメリカ側からすれば、金融商品（債券・株式等）の輸出でもあり、「双子の赤字」を肥大化させるブッシュ政権にとって歓迎すべきことだった。それゆえ、国内で「サブプライム問題」が浮上しても、しかるべき対応がなされなかった。そこに起きたのが米大手投資銀行リーマン・ブラザーズの破たんだった。

2　リーマン・ショック後

リーマン・ブラザーズの破たん

アメリカには従来から、民間金融機関の住宅ローンを買い取り、それを裏付けとして、投資家に住宅ローン担保証券（ＭＢＳ）を販売する専門の金融公社、すなわちファニーメイ、フレディマックの2社があった。両社は民営化され、当時は一〇〇％民間所有の株式会社になっていたが、その後も連邦政府と密接な関係にあり、政府支援機関（ＧＳＥ）として広く知られていた。それで、サブプライム問題発生後も、アメリカ政府はＧＳＥ2社の業務を積極的に支援してきた。

しかし、二〇〇八年に入ってもアメリカの住宅価格下落は止まらず、七月には、この2社の経営不安が取り沙汰され、両社の株価が急落する事態となった。このとき、2社が発行したＧＳＥ債は五兆ドルを超えていた。しかも、ＧＳＥ債は米国債と同じ高い格付けを得ていたから、中国ほか新興国の政府・中央銀行に外貨準備として大量に保有されていた。

そこで七月十三日、米政府・ＦＲＢはＧＳＥ2社への公的資金注入を内容とする緊急声明を発表し、三〇日には、この2社への公的資金注入を認める「住宅公社支援法」を米議会で成立させた。

だが、同じ時期にサブプライム問題で経営不安が取り沙汰されていた全米第四位の投資銀行リーマン・ブラザーズは、政府の救済対象から外された。

ＧＳＥ2社への資本注入（各一〇〇〇億ドル枠）の正式声明は九月七日。そこで起きたのが、九月十五日のリーマン・ブラザーズの経営破たん発表だった。負債総額は六〇〇〇億ドル超と世界にも例を見ない規模だった。

リーマン破たんと同じ日、全米第三位の投資銀行メリルリンチがニューヨーク連銀の支援を受け、大手商業銀行バンク・オブ・アメリカに救済合併される。全米第五位のベア・スターンズは、その半年前の三月に大手商業銀行JPモルガン・チェースに買収されていた。

九月二二日には、米投資銀行最大手のゴールドマン・サックスと第二位のモルガンスタンレーが銀行持ち株会社へ転換した。これによって、世界の金融市場を動かしてきたアメリカの5大投資銀行がすべて表舞台から姿を消す。

リーマン破たんの翌日、米政府は世界最大の保険会社のアメリカン・インターナショナル・グループ（AIG）への八五〇億ドルの資金支援を決め、GSE同様、政府管理下に置いた。リーマン・ブラザーズとは違い、AIGが破たんすれば、同社と結んだCDS（金融機関の損失に保険をかける金融派生商品）が消滅して、世界の多くの金融機関を破たんに追いやる危険があったから。

そして十月三日、ブッシュ政権は金融機関の持つ不良資産買取りのため、総額七〇〇〇億ドルを柱とする「金融安定化法」を成立させる。四日前の九月二九日に米議会で否決された法案だったが、法案否決直後にニューヨーク株価の急落が起きたため、付帯条件を付けて急きょ成立させた。

この法案の成立を受け、十月十四日にはブッシュ大統領が同法で認められた総額二五〇〇億ドルを米大手銀行九行に先行注入する声明を発表する。大統領退任直前の翌年一月には、残額四五〇〇億ドルの支出についても、次期大統領の要請として米議会の承認を取り付けた。

「大恐慌」寸前の状況

リーマン・ショックは、金融市場にとどまらず、アメリカの実体経済にも大きな影響を及ぼす。

その一つが家計支出の大幅減少。金融混乱で個人向けローンの組成ができず、住宅購入ばかりか自動車など耐久消費財の販売も大幅に落ち込んだ。

二つ目は、雇用の悪化。金融・自動車分野での大規模リストラがなされ、失業者は二〇〇八年十月に一〇〇〇万人、翌二〇〇九年十月には一五六〇万人、失業率も一〇・一%と一〇%を超えた。二〇〇五〜二〇〇七年間の失業者数は七〇〇万人台だった。

三つ目は、貿易の大幅縮小。実際、二〇〇九年に輸入が前年比二六・三%減の一兆五七六〇億ドル、輸出も同一八・二%減の一兆七〇〇億ドルと貿易取引は大幅に落ち込む。この結果、世界の貿易取引が大収縮、一九三〇年代の世界恐慌を想起させる事態となった。

こうした実体経済の悪化から、二〇〇九年のアメリカのGDP（国内総生産）は、名目・実質とも、戦後初のマイナス成長に陥る。とりわけ、リーマン・ショック直後の半年間は鋭角的な落込み、まさに大恐慌寸前の状況となった。

リーマン・ショック後、ＦＲＢは矢継ぎ早の利下げ――十二月にはＦＦレートの誘導目標を〇～〇・二五％とする事実上のゼロ金利政策を採用する。同時に、量的緩和策（ＱＥ１）を決定、米国債やＭＢＳ債など総額一兆七二五〇億ドルの債券買入を二〇一〇年三月までの期限として実施した。

二〇一〇年十一月からは、第二弾の量的緩和策（ＱＥ２）として、二〇一一年六月まで総額六〇〇〇億ドルの米国債の追加買入れを実施。さらに、二〇一二年九月から、第三弾の量的緩和策として期限を決めずに、月間八五〇億ドルの国債・ＭＢＳ債の市中買入を開始した。

当時のＦＲＢ議長は、「ヘリコプター・ベン」の異名をもつマネタリスト・バーナンキ――ＦＲＢ理事の時代には、二〇〇一年三月からの日銀の量的緩和策を中途半端なものとして、自説のヘリコプター・マネー論を展開した人物だった。

史上最大の財政出動

二〇〇九年一月、リーマン・ショックによる経済混乱のさなかに共和党・ブッシュ大統領に替わって登場したのが民主党・オバマ大統領だった。オバマ政権は、発足直後の二月に景気対

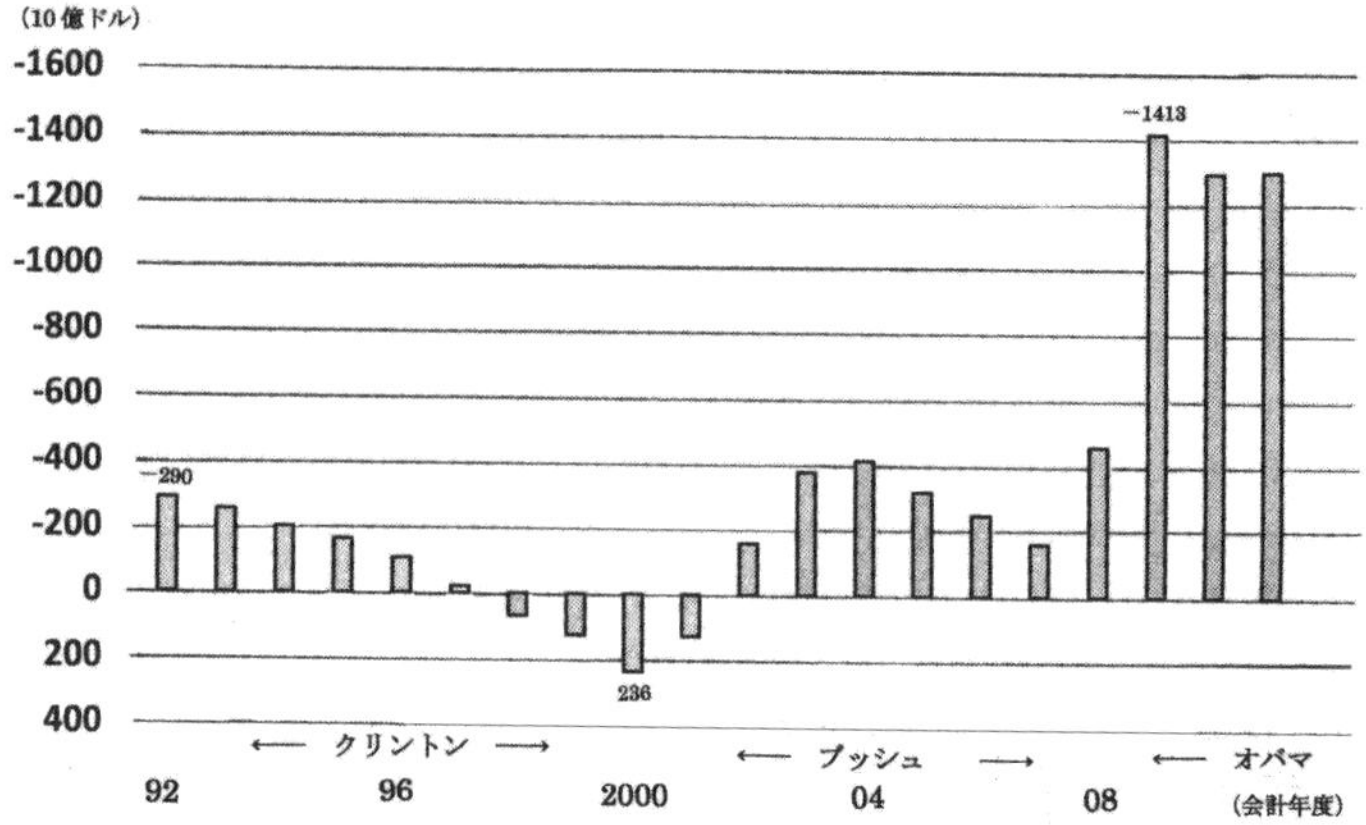

図 27　米国の財政赤字

策として「経済復興法（ＡＲＲＡ）」を成立させた。ＡＲＲＡは総額七八七〇億ドルというアメリカ史上最大の財政出動（減税と政府支出拡大）を承認するもので、これにより、二〇〇九会計年度（二〇〇八年十月〜二〇〇九年九月）のアメリカ政府の財政赤字は前年度の四六〇〇億ドルから一挙に三倍増の一兆四一〇〇億ドルとなった。二〇一〇会計年度以降も一兆ドルを超える財政赤字が続く。

また、同じ二月にオバマ政権は、前年十一月に成立した「金融安定化法」の金融機関支援策に基づく「金融安定化プラン」を発表。続いて三月、最大一兆ドルの不良資産買取り計画を発表した。

さらに、二〇一〇年一月の一般教書演説で、オバマ大統領は「貿易倍増計画」を打ち上げ、七月には、「ボルカー・ルール」（元ＦＲＢ議長・ボルカーが提言した銀行による投機的取引等の制限）を盛り込んだ「金融規制改革法」を成立させた。

かくしてアメリカ経済はオバマ政権の下、ウォール・ストリート（金融資産取引の経済）からメイン・ストリート（財・サービス取引の経済）への転換がなされることになる。だが、レーガン政権が登場した一九八〇年以降、ウォール・ストリート重視の政策によって金融超大国となった今のアメリカに、この方向転換がうまく進むかどうか。

ちなみに、リーマン・ショック後の二〇〇九年三月に七〇〇〇ドルを割り込んだNY株価（ダウ平均）は、その後のバーナンキ流の金融政策（ウォール・ストリートへの大量の資金供給）により、ほぼ一本調子の上げ相場。二〇一四年十二月には一万八〇〇〇ドル台に乗り、史上最高値を更新している。

Ⅷ

「アベノミクス」の時代

2007～2015年

二〇一二年十二月、民主党・野田佳彦氏に替わって、自由民主党・安倍晋三氏が首相の座に就く。六年前の二〇〇六年九月に小泉純一郎首相からバトンを受けて以来、二度目の首相就任。その安倍内閣が新たに打ち出したのが「三本の矢」と名づける経済政策——大胆な金融政策、機動的な財政運営、成長戦略、すなわち「アベノミクス」だった。

ポスト小泉の日本——外ではリーマン・ショック（二〇〇八年九月）、内には大震災・原発事故（二〇一一年三月）と、経済基盤を揺るがすほどの大事態に遭遇。こうした「大変の時代」にあって、はたしてアベノミクスは日本経済の「再生」に成功するのであろうか。

1　一体化する財政と金融

リーマン・ショックの影響

二〇〇八年九月のリーマン・ショックは、欧米の金融市場に信用収縮をもたらしただけでなく、世界経済に貿易収縮という形で大きな打撃を与えた。

日本もまた輸出の急減により企業の生産活動が停滞し、設備投資に急ブレーキがかかる。この結果、二〇〇九年の名目ＧＤＰ（国内総生産）は二年前に比べて四〇兆円も減少。この間、失業者数は八〇万人の増加、失業率も五・二％と再び五％台に戻った。

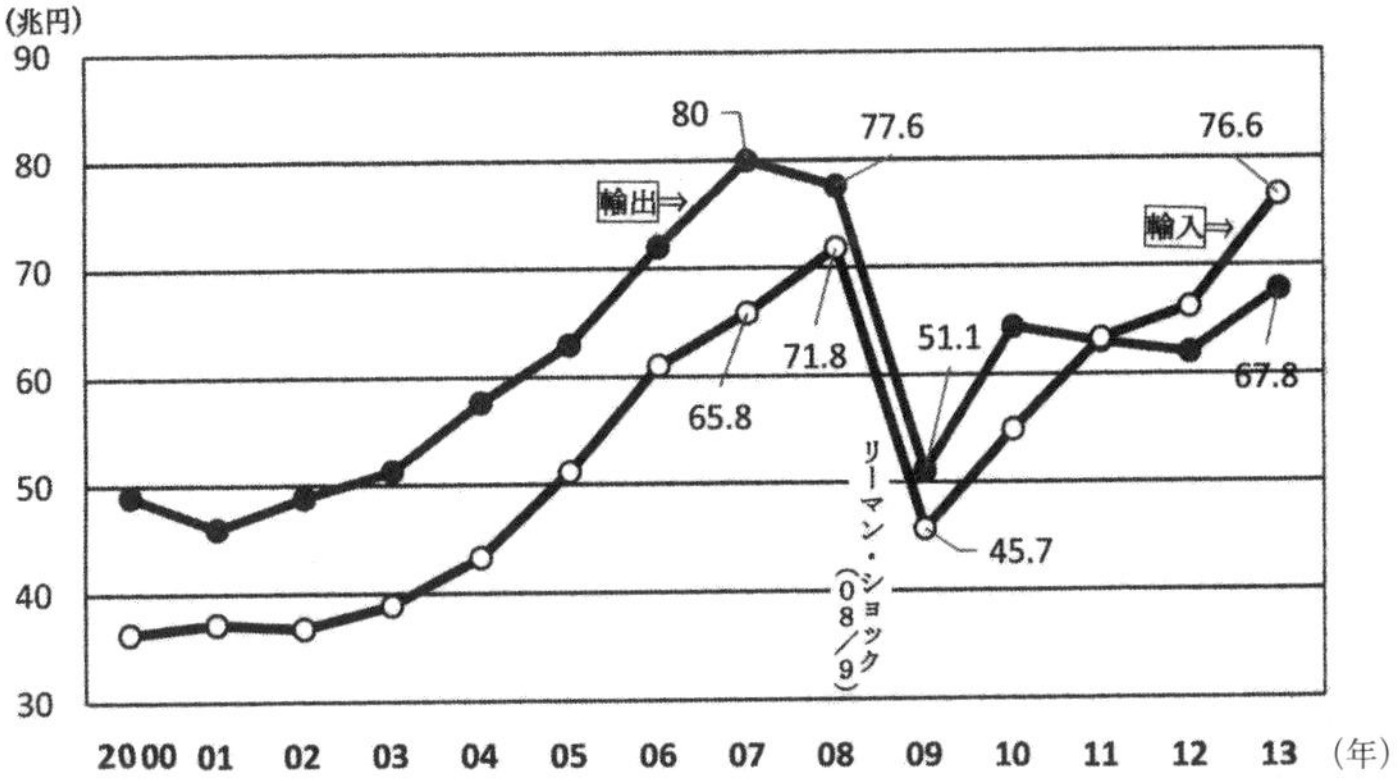

図28　輸出・輸入

株価も急落。二〇〇九年三月には七〇〇〇円割れ寸前——三月十日には七〇五四円とバブル崩壊後の最安値を付けた。サブプライム問題が浮上する前の二〇〇七年央の株価は一万八〇〇〇円台にあった。

そこで、リーマン・ショックの翌二〇〇九年四月、当時の麻生内閣が大規模な「経済危機対策」を打ち出す。総事業規模は五六・八兆円と、八八年十一月の小渕内閣の「緊急経済対策」を二・五倍も上回った。同時に、財源手当のための補正予算を編成、国債の追加発行一五・四兆円を決めた。

この結果、二〇〇九年度の予算総額は一〇一兆円(前年度は八五兆円)と一〇〇兆円の大台に乗せ、国債発行額も過去最高の五二兆円、国債発行収入は歳入予算の五〇%を超えた。

その麻生内閣も、二〇〇九年八月の総選挙での与党の敗北で退陣。替わって民主党・鳩山内閣が誕生する。

しかし、国民が期待をかけた事業仕分け（歳出見直し）に実が上がらず、また、子ども手当など新施策の財源ねん出も計画通りに進まなかった。以後、二〇一二年十二月まで三代にわたる民主党政権において期待された財政のムダ排除は成らず、結局、消費税引上げとなった。

再び起きた「地震ショック」

二〇一一年三月、東北地方の太平洋側でマグニチュード9という巨大地震が発生。この地震・津波による被害額は、三カ月後に発表された政府試算によると、一六・九兆円。十七年前に起きた九五年一月の「阪神・淡路大震災」をはるかに上回るものだった。

当時の菅内閣は、震災発生から三カ月後の六月、「東日本大震災復興基本法」を成立させ、翌月、同法により設置した復興対策本部（後に復興庁へ編入）で「復興基本方針」を決定――震災復興の期間を一〇年、二〇一五年度までの三年間は「集中復興期間」として、復旧・復興の事業規模を国・地方合わせて一九兆円程度（一〇年間では二三兆円程度）とした。

九月には、首相を辞任した菅直人氏に替わって、野田佳彦氏が首相に就任。その野田内閣は発足当初、「震災復興が最優先課題」をアピールしたが、間もなく、政策の重点を「消費税引上げ」に移していく。そして、二〇一二年八月、野田内閣は自民・公明両党の合意の下に消費税増税法案を成立させた。その野田首相も、十二月の衆議院選挙での与党・民主党の惨敗で退陣。替わって、自由民主党の安倍晋三氏が二度目の首相に就任する。

安倍内閣は発足後、二〇一二年度予算から、「一般会計」とは別に、震災復興を目的とする「特別会計」を新設し、集中復興期間の事業規模も二五兆円に増やす。財源は、復興新税（うち復興特別所得税は二五年間存続）、一般会計からの繰入れ、復興債発行等とした。

また、今回の東北大地震は、「原発事故」（東電・福島原子力発電施設の爆発）という大事故を発生させ、国民に放射能の恐怖を改めて思い起こさせることになった。以後、原発の「存続か、廃止か」をめぐって国論が二分していくが、原発建設は、一九七三年の石油ショック後、エネルギー供給の国家戦略として田中内閣以来、歴代の内閣が推進してきたものだった。

円は戦後最高値を記録

為替市場では、二〇〇七年半ばのサブプライム問題の顕在化を機に、ドル安・円高の進行が始まる。ちなみに、円・ドルレートの動きをみると、二〇〇七年七月までは概ね一ドル・一二〇円の水準にあったが、二〇〇八年九月のリーマン・ショック後は一ドル・一〇〇円のラインを超え、二〇一〇年六月からは一ドル・八〇円台の展開となった。このため、九月には通貨当局も六年半ぶりの為替介入に踏み切るが、それでも円高は続く。

そして、二〇一一年七月からの一年間は、アメリカのゼロ金利・量的緩和も加わって、一ド

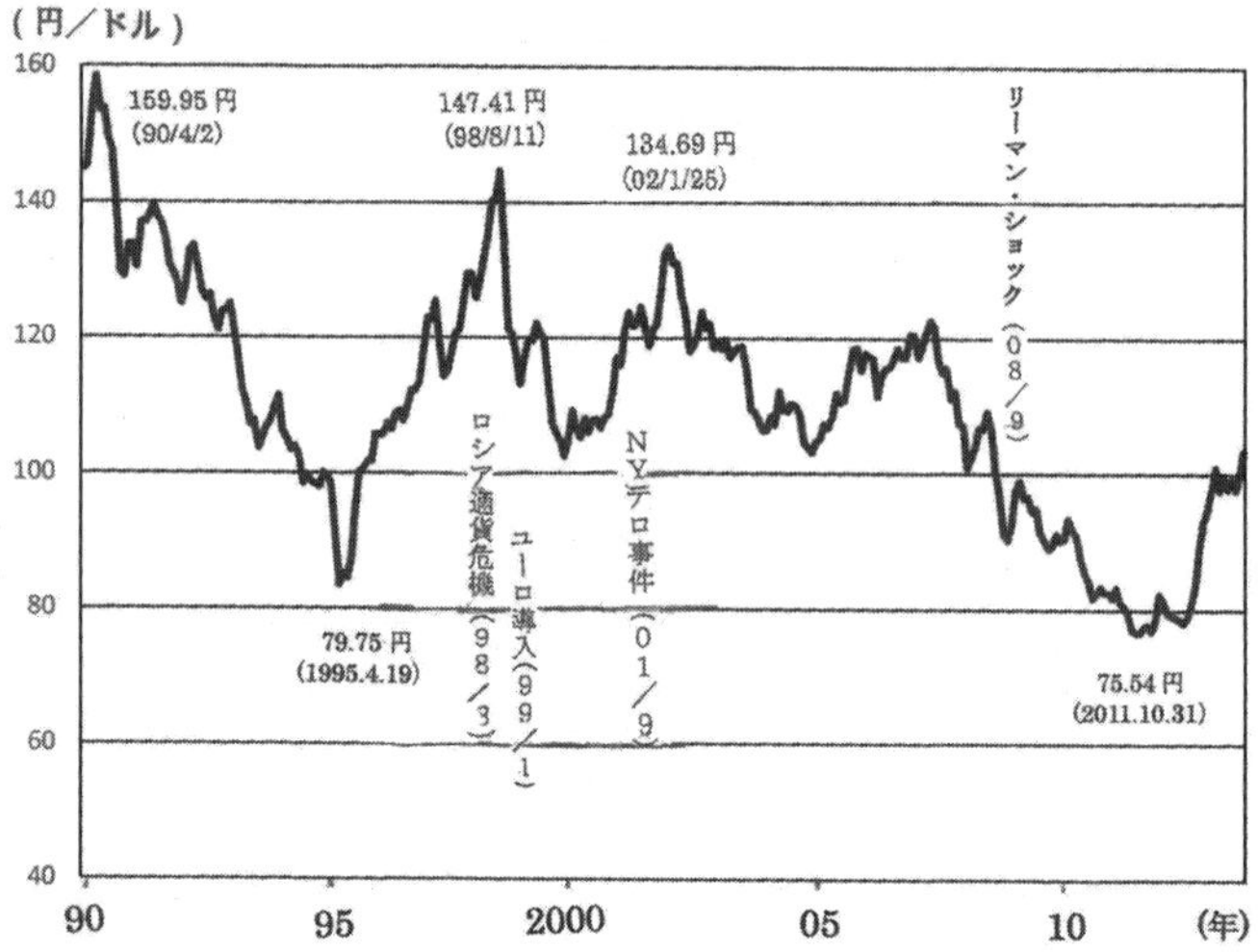

図29　円・ドルレート

ル・七〇円台後半の展開となり、十月には一ドル・七五・五四円と戦後最高値を付けた。一ドル・八〇円を切る円高を見るのは、日本の貿易黒字が問題にされた九〇～九五年以来のことだった。

今回のドル安・円高の始まりは、「円・キャリー取引」解消のための円買いに始まるが、リーマン・ショック後は、欧米からのフライトマネー（逃避資金）の日本への流入だったとされる。円・キャリー取引とは、低金利通貨・円で資金を調達し、それを為替市場でドルに替え、新興国などの高金利通貨に投資する運用手法のことで、一九九八年四月の日本の外為取引の完全自由化後、ヘッジファンドなど海外投資家がこの手法を使い、多額の利益を上げてきた。長年にわたる日本の超低金利政策がこれに貢献したことになる。

二〇一一年はまた、日本の貿易収支が一九六八年以来，四八年ぶりに赤字に転じた年だった。翌二〇一二年も赤字、しかも赤字幅が拡大。日本が貿易赤字国に転落したとすると、為替は黒字時代とは逆のすう勢として円安。それがやがて輸入物価の上昇となって実体経済にハネ返ってくる。

日銀は「包括緩和」を実施

リーマン・ショックによる深刻な景気悪化に対処すべく、FRBやECBなど欧米主要国の中央銀行は、二〇〇八年九月以降、市中から金融資産買上げという異例の手段を使って、自国の金融市場へ大量の資金供給を続けた。この結果、政策金利も過去に例のない水準――ゼロないしそれに近い水準に下がった。

日銀もリーマン・ショック後の十月と十二月の二回、利下げを実施し、誘導目標のコールレート（無担保コール翌日物）を〇・一％まで下げた。ちなみに、日銀は二〇〇六年三月に量的緩和を解除して以降、二度利上げし、翌年二月からはその金利を〇・五％に引き上げていた。

日銀が実施した金融緩和策には、金融不安の払しょくのための「補完当座預金制度」の導入もあった。その中身は、民間銀行からの国債買入で日銀当座預金の積増しを図るとともに、その残高のうち、必要準備を超えた部分には〇・一%の利息を付けるというもの。同時に、民間銀行からの長期国債の月間買入れ額を一・二兆円から一・四兆円に増額、翌年三月には、それを一・八兆円に増額した。

民主党政権下の二〇一〇年十月には、日銀は「包括緩和」として、政策金利を〇～〇・一%とする実質ゼロ金利を実施。同時に、日銀のバランス・シート上に、新たに資産買入基金を創設。これでもって、国債やCP・社債の外に、ETFやJ-REITなど投資信託の買入れを始めた。基金には長期国債の買入枠を設け、「日銀ルール」(長期国債の買入残高は日銀券発行残高の範囲内とする内部ルール)に触れないように、現行の長期国債買入オペとは別立ての扱いとした。

日銀による長期国債の買入れは金融調節の手段として従来から行われてきたが、それが財政ファイナンの手段とみなされないために、いわゆる「日銀券ルール」をつくっていた。そのルールも、「アベノミクス」によってあっさり破られる。

「アベノミクス」の登場

二〇一二年十二月に誕生した安倍政権が経済政策として打ち出したのが、いわゆる「アベノミクス」。一九八〇年に登場したアメリカのレーガン共和党大統領が自らの経済政策を「レー

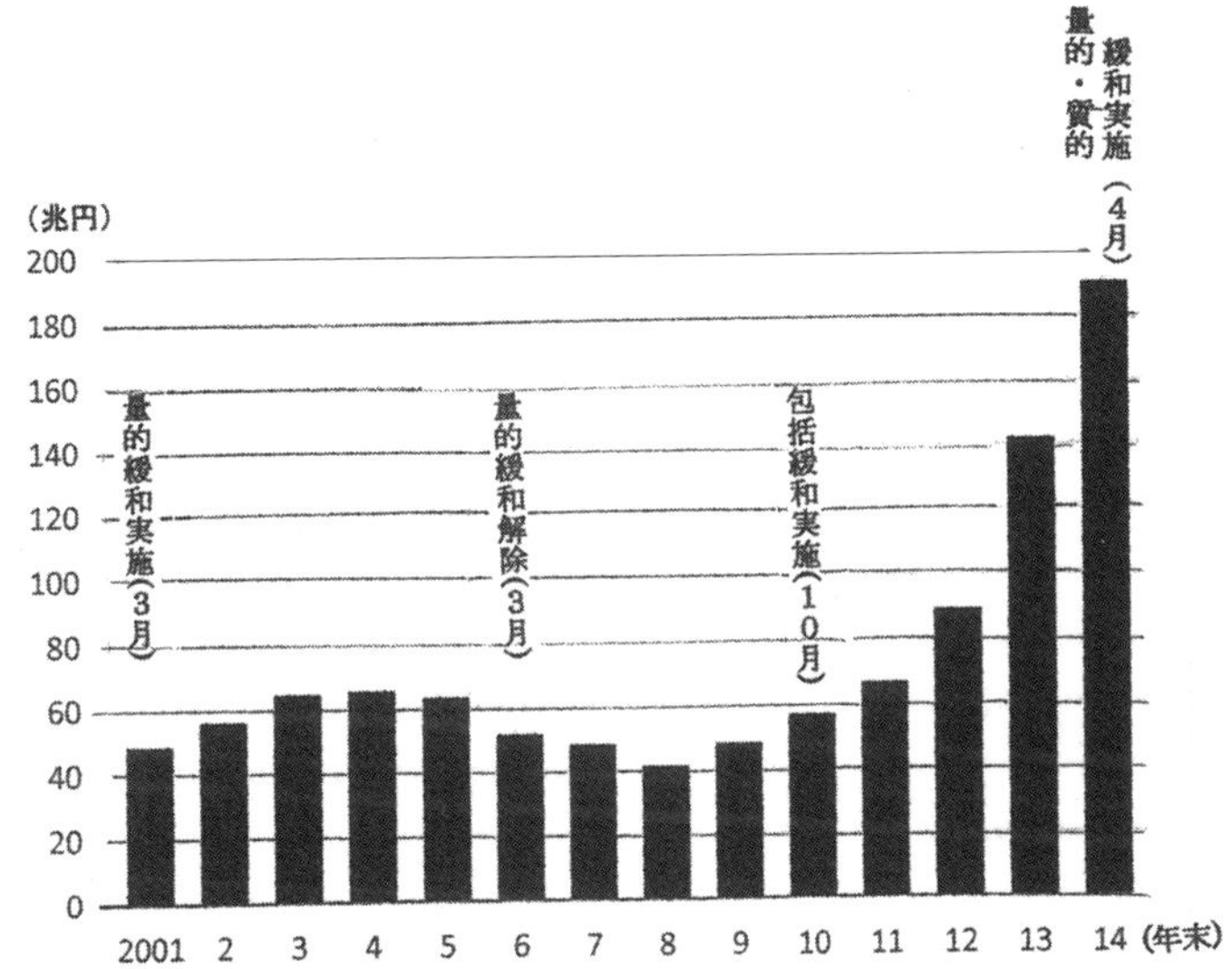

図30　日銀の長期国債保有残高

ガノミクス」と呼ばせたことにちなんだもので、アベノミクスもまたレーガノミクスと同様、サプライ（供給）サイドに立った経済政策だった。首相の経済ブレーンも、浜田宏一氏（内閣官房参与）ほかアメリカの新自由主義に賛同する人物となっている。

　では、アベノミクスとは具体的には何をいうのか。安倍首相が三本の矢と呼んでいる経済政策すなわち大胆な金融緩和・機動的な財政運営・成長戦略の三つをパッケージにしたものをさす。

　ここで注目したいのは、日銀の金融政策を政府の経済政策に取り込み、しかも、それをアベノミクスの中心に据えたこと。安倍内閣はこれをデフレ（「物価下落」と定義）脱却のためとしている。デフレといえば、「物価の上がらない慢性的な経済停滞」と考えるのが一般的だが、安倍内閣はデフレを「物価下落」に限定してしまった。そうして、日銀をデフレの矢面に立たせた。

実際、政権交替前の衆院選挙戦で、安倍総理は、インフレ目標達成のための日銀との政策協定（アコード）の取決めを唱え、「日銀総裁はインフレ目標を達成してくれる人を選ぶ」と発言している。そして、内閣発足直後の翌年一月には、デフレ（物価下落）脱却に向けて政府・日銀が一体となって取り組む旨の共同声明を発表。三月には、日銀総裁を任期前辞任した白川方明氏の後任として、黒田東彦氏を日銀総裁に任命し、副総裁以下の政策委員会メンバーの過半をアベノミクスの支持者で固める。

一九九八年の日銀法改正では、金融政策は日銀の専管事項とされ、最優先の政策目的も各国の中央銀行と同様、物価の安定すなわち貨幣価値の安定にある。しかし、黒田日銀総裁は四月の就任直後、「異次元金融緩和」と銘打ち、「量的・質的金融緩和」の導入を発表した。

政府の求める二％のインフレ目標達成のために、長期国債等の大量買入をやり、マネタリーベース（日銀当座預金）を倍増させるというのがその中身。これを計画通りに進めると、日銀の国債保有残高は、二〇一四年末には一九〇兆円に達し、マネタリーベースも二七〇兆円に膨らむ。

世界のどの中央銀行をみても、物価を上昇させ通貨価値を落とす目的でインフレ目標を立てる例は黒田日銀をおいてほかにない。しかも、通貨供給量を増やすために国債を大量に買い上げる——これをみると、財政ファイナンス機関化した戦前の日銀を想起せざるを得なくなる。

2　アベノミクスの成否

積極財政への再転換

アベノミクスの第二の矢は、機動的な財政運営。中身は、公共事業を含めた財政支出の拡大。そして、内閣発足直後の二〇一三年一月に事業規模二〇・二兆円超の総合経済対策を発表、補正予算一三・一兆円の編成を決めた。

同年十二月には、競争力強化の経済対策として、総額一八・六兆円規模（国債発行は五・五兆円）の経済対策を決定。同時に、翌年四月からの税率三％引上げによる消費税収入一五・五兆円を見込んで、一五カ月予算という形で二〇一四年度予算案を策定する。これにより、二〇一四年度の歳出総額は、当初予算ベースで過去最大の九五・九兆円となった。

歳入面では、国債発行収入が四一・三兆円と、消費税増税があっても、歳入総額の四三％を占める。これにより、二〇一五年三月末の国債発行残高は七八〇兆円、ＧＤＰ（国内総生産）の一・六倍近くに達する。

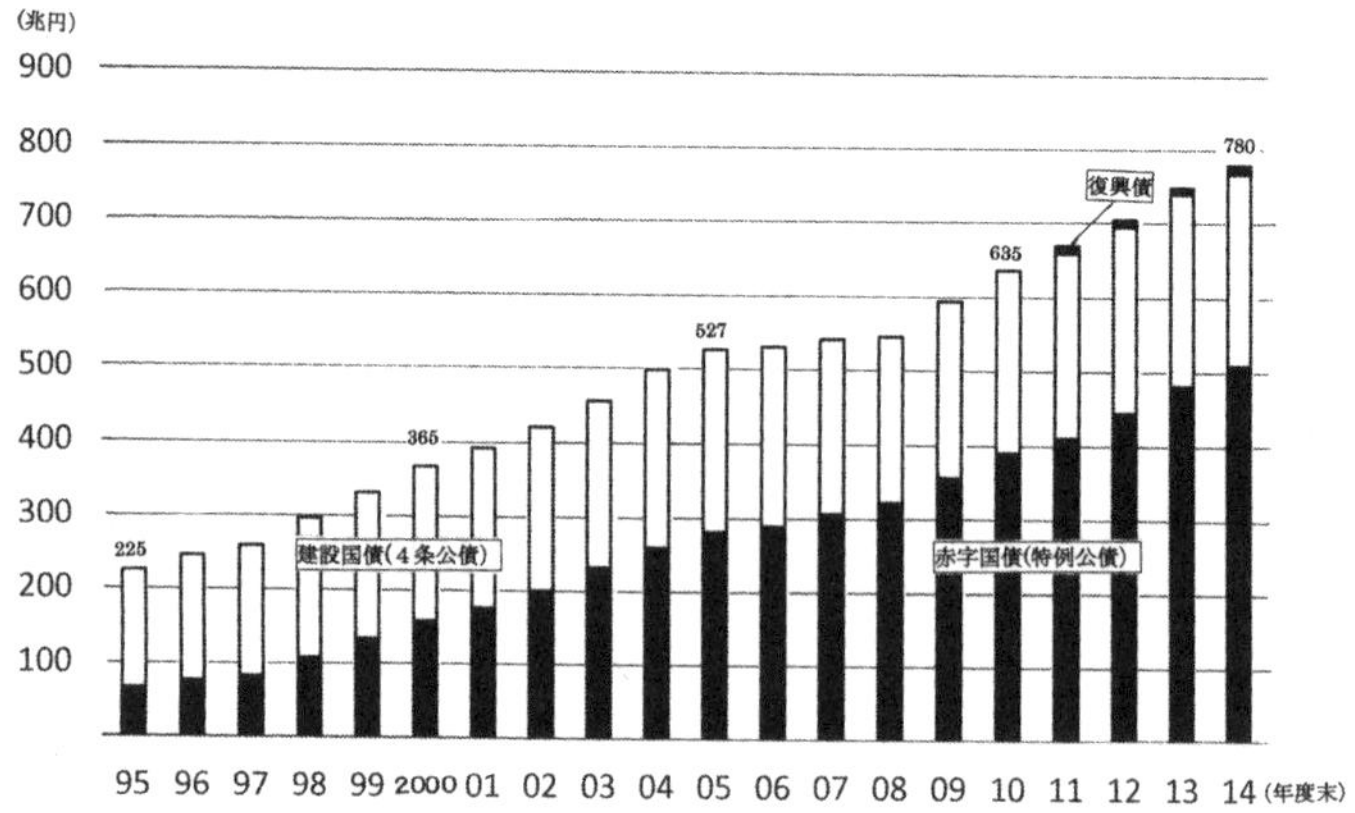

図31　国債発行残高

「赤字国債発行ゼロ」を目標とする橋本内閣時代の財政再建が頓挫した九八年以降、国の財政運営は積極財政に戻り、小泉内閣時代からは、財政再建を「財政健全化」と呼び換え、その目標をプライマリー・バランスの均衡――国債発行と国債費（元利償還）を除いた財政収支の均衡とした。そしてその後は、社会保障費の膨張を表の理由にして歴代内閣が歳出を拡大させ、今や財政赤字は臨界点を超えている。

第三の矢の「成長戦略」は、規制緩和と企業減税。小泉内閣以来の供給サイド重視の市場主義に立つ戦略で、安倍首相の経済ブレーン浜田宏一氏は法人税減税を求め、政府内にも、「実効税率の引下げ」と一般になじみのないフレーズを使い、法人税率引下げに動いている。

しかし、日本の経済全体から見て、いま意を注ぐべき問題は、膨らみ続ける企業の内部留保（利益剰余金）ではないか。財務省の法人企業統計調査によると、二〇一二年度の法人企業の利益剰余金は全産業で三〇四兆円と二〇〇五年度からの七年間に一〇〇兆円も増加している。そこに着目した麻生太郎副総理・財務大臣も、二〇一三年六月の外部講演で、デフレ脱却のために企業はそれを設備投資に振り向けるべきと語っている。

消費税率再引上げの延期

二〇一四年十二月、衆院の電撃解散により総選挙が実施された。結果は、二年前と同様、与党・自由民主党の圧勝に終わったが、その時の自民党の選挙公約は消費税再増税の延期だった。民主党政権下の二〇一二年八月に三党合意で成立した法律では、税率を二〇一四年四月から八％、二〇一五年十月から一〇％に引き上げるとあったが、税率再引上げは二〇一七年四月まで延期。ただし、旧法にあった「景気判断条項」は削除し、再延期をなくす。

二〇一五年四月に成立した二〇一五年度予算では、消費税の税収額は一七・一兆円。税率が五％だった二〇一三年度までの一六年間、その税収はずっと一〇兆円の水準にあった。では、所得税と法人税はどうなっているか。

まず所得税だが、八〇年代の中曽根内閣以降、当時のアメリカのレーガン政権の大減税――レーガノミクスの目玉だった所得税率のフラット化にならい、税率の累進性が大幅緩和された。

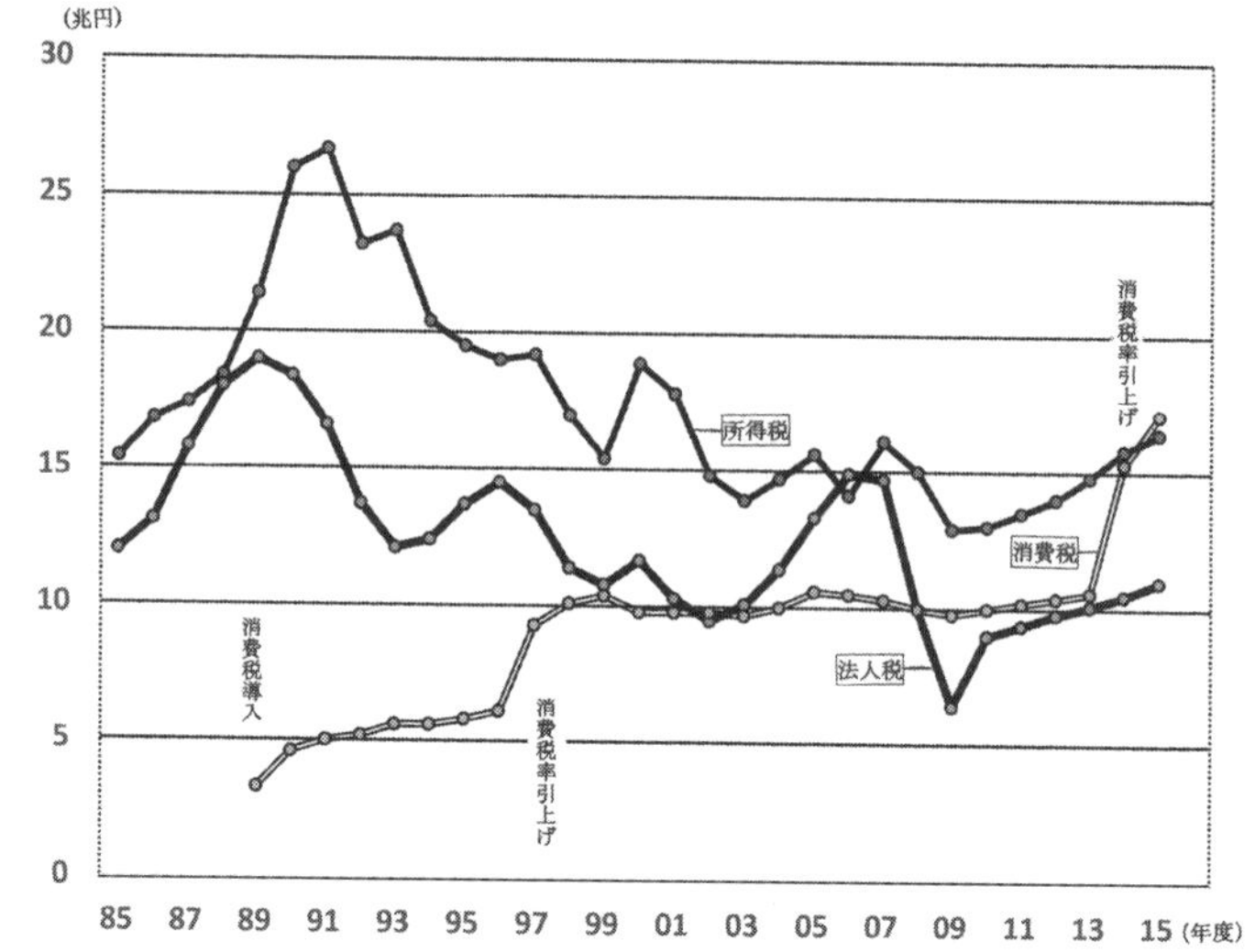

図 32　主要税目の税収

事実、一九八三年まで一九段階・最高税率七五%だった所得税は、八九年度に五段階・最高税率五〇%、小渕内閣時代の九九年度には四段階・最高税率三七%に簡素化されている。

二〇一三年度には、七段階・最高税率四五%まで戻されたが、それでも二〇一五年度予算での所得税の税収額は消費税と逆転し、一六・四兆円となっている。九〇~九一年度には二六兆円を超えていた。

法人税も八〇年代には基本税率が四〇%台にあったが、九〇年度には三七・五%への引下げがあり、その後も国際競争力強化の名目で、九八年度に三四・五%、続く九九年度にも三〇%に下げられ、二〇一二年度には三〇%から二五・五%へ下げられている。これにより、二〇一五年度の法人税の税収額は一一兆円。消費税の税収を六・一兆円も下回る。

二〇一七年四月から消費税率の再引上げが実施される。消費税は逆進税。その税率の引上げが繰り返されると、低所得者・年金生活者の税負担はますます重くなる。所得格差是正の観点からも、八〇年代とは逆の直間比率是正が必要になってきたのではないか。

ところで、安倍内閣が選挙にまで訴えて、二〇一五年十月実施の消費税率の再引上げをなぜ延期したのか。その最大の理由は、二〇一四年四月の消費税率三％引上げ後、予想以上の景気悪化が起きたから。デフレ脱却をめざす安倍内閣が「デフレ不況」の手前に立たされていたのだ。事実、消費税増税後のＧＤＰ（国内総生産）は、名目・実質とも2四半期連続のマイナス成長だった。

そんな状況のなかで消費税率再引上げに動けば、橋本内閣時代のような事態を招きかねない。橋本内閣が消費税率引上げ（三％→五％）を実施した翌九八年からの二年間、日本は戦後初めてのデフレ不況（ＧＤＰ成長率が名目・実質ともマイナス）を経験した。

デフレは「貨幣的現象」か

安倍内閣では、デフレを「物価下落」と同義としているが、デフレとは、実体的には、デフレ不況――つまりは、GDPが名目・実質ともマイナス成長に陥った状態のこと。政府も小泉内閣発足前の二〇〇一年三月までは、デフレを「物価下落を伴う景気の悪化」と定義していた。

では、政府がデフレの定義変えをしたのはなぜか。デフレを景気の問題としないで、物価の問題とすれば、デフレはもっぱら日銀の政策対応の問題となる。ならば、日銀は何をすべきか。そこにリフレ派(インフレ推進者)の主張する「デフレは貨幣的現象」論が登場――デフレは通貨供給量の不足が原因で起きているのだから、日銀は通貨の供給量をもっと増やせ、となる。その手段が日銀による国債の買上げだった。

経済学の世界で「貨幣数量説」と呼ばれている学説――すなわち、M(通貨量)×V(流通速度)=P(物価)×T(取引量)という恒等式がある。この式は何を表すか。それを教えてくれるのが日本の古典落語の名作・「花見酒」の噺。

辰と熊の二人が花見客相手に商売しようと考え、酒屋から二升樽を借り出すが、花見の場所に着くまでに辰が持っていた一〇銭玉一枚を使い、交互に酒を買いあって酒樽をカラにする噺。この一〇銭玉が等式にあるM(通貨量)、一〇銭玉が移転する二〇回の回数がV(流通速度)、これによって実現した総額二〇〇銭の取引がP x T(総取引額)。これを国全体の経済活動としてみれば、このP x Tは名目GDP(国内総生産)ということになる。

しかるに、リフレ派は、この等式を使ってこう言う。VとTは変らないから、Mが増えれば

Pが上がると。だが、実体経済（財・サービスの取引）からみて重要なのは通貨の流通速度。

では、現実の日本経済において通貨の流通速度はどうなっているか。

M（通貨量）にマネーストック（M2平残）、T（取引量）に実質GDP（二〇〇五年基準）、P（物価）にGDPデフレーター（二〇〇五年＝一・〇〇）を使って計算すると、二〇〇五年――流通速度（V）〇・七一五＝五〇四兆円（T）×一・〇〇（P）÷七〇五兆円（M）、二〇一三年――流通速度（V）〇・五六七＝五二八兆円（T）×〇・九一（P）÷八四六兆円（M）となる。

ここで明らかなことは、第一に、二〇一三年までの八年間にマネーストック（M）一四一兆円の増加があるのに、経済全体の物価を表すGDPデフレーターは二〇〇五年から九％低下していること。ならば、物価下落は、その原因が通貨供給不足ではなく、通貨の流通速度の低下にあったことにならないか。

では、なぜ流通速度（V）が低下したのか。それは、金融部門（日銀・民間銀行）から供給された通貨が実体経済（財・サービス取引）の中を回るよりも、マネー経済（金融資産取引）の内を動くほうが多くなっているから。このため、二〇一三年の名目GDP（T×P）は四七八兆円と九五年に比べ二四兆円落ち込んでいる。

マネー経済には国境がない。九八年四月から新外為法により内外資本移動が完全自由化され、為替リスクを負担すれば、誰もがおカネを海外の金融市場に行き来させられる。だから、いくら通貨を増やしても、それがマネー経済の内にとどまる限り、実体経済の拡大には寄与してこない。

第二に、見過ごしてならないのが、二〇〇五〜一三年の八年間における一四一兆円のマネーストックの増加。これは、この間に一四一兆円を誰かが所得として受け取り、それだけ貯蓄＝金融資産（預金・現金）を増やしたことを意味する。誰かとは、ケインズの消費性向・貯蓄性向論を出すまでもなく高所得層。しかも、その層は首都圏に集中している。つまりは、財政支出による通貨供給量の増加が所得の個人格差・地域格差、さらには企業格差を生んできたということではないか。

アベノミクスの帰結

二〇一四年十月末、日銀が突如、追加の金融緩和策を発表した。長期国債の日銀保有残高を年間八〇兆円増やすというもの。その二日前にアメリカのＦＲＢ（連邦準備制度理事会）が、二〇一二年九月に開始した量的緩和（Ｑ３）の終了を発表している。だが、日銀には出口が見えない。アベノミクスの下、日銀は事実上、財政のファイナンス機関となったかに見える。

資本主義の本質は負債経済。日本も例外ではなく、経済成長を支える通貨は金融部門（日銀・民間銀行）の負債。企業部門はその負債通貨を借り受けて生産活動を拡大させ、それを家計部門に所得として分配する。つまり、資本主義システムにおける経済成長は、それを構成する経済部門（経済主体）の借金の膨張でもある。逆に言うと、経済主体が借金を増やせられなくなれば、資本主義の経済システムは立ち行かなくなる。

八〇年代後半のバブル期には企業部門の借金が二倍にも膨らんだ。九〇年代後半以降は企業部門の借金は減らされ、代わって、政府部門の借金が膨張の一途をたどる。国債増発で得たマネー（負債通貨）を財政支出という形で民間（企業・家計）部門に供給してきたのだ。

そして今、アベノミクスの名の下、日銀のオペレーションによる国債買上げという形で政府部門が借金をなおも膨らませている。これがいつまで続けられるか。政府部門が借金を膨らませられなくなった時点で日本経済はひとつの結末をみせる。そのとき出来するのは、ディプレション（深刻なデフレ不況）。それは資本主義の総本山・アメリカにやがては訪れ、世界に広がってゆく事態でもあるだろう。美酒も飲み続ければ国を滅ぼす。

ある歴史上の出来事

二〇一五年入り後、日本の株価は上昇傾向を強めている。前年末には一万七四五〇円だった平均株価は、四月には二〇〇〇年四月以来、一五年ぶりに二万円台を回復した。株価自体は二五年前の「平成バブル」のピーク時のまだ半分の水準だが、時価総額はその後の上場株式の増加もあり、バブル絶頂期の五九〇兆円に迫っている。この株価上昇の背景には、日銀の国債等金融資産買入れによる金融市場への大量の資金供給があることは言うまでもない。巷には、バブルの再来とみる向きも出てきている。

だが、いつの時代も、洋の東西を問わず、バブルをつくった国はやがて悲酸をなめる。そこで、「平成バブル」から始まるこの小史を終わるにあたり、ある歴史上の出来事——フランス版バブルの物語を紹介し、それをもって本書の結びとしたい。

十八世紀初め、ブルボン王朝時代、フランスで世界初の中央銀行が誕生する。それを立ち上げたのがスコットランド人・ジョン・ロー、その人だった。彼は、その成功により、のちにフランス貴族の称号を与えられる。

一七一五年、戦争と贅沢に明け暮れたルイ十四世（太陽王）が死去。その後に残されたものは、空っぽの国庫と膨大な国の借金。フランス経済は疲弊し、活気を失った。王位を継いだルイ十五世はまだ五歳、そこで叔父のオルレアン侯が摂政に就く。そのオルレアン侯が独自の貨幣理論を持つローを取り立て、その理論を実践させることになる。

ローはまず、オルレアン侯から銀行券発行の許可を得て、王宮内にバンク・ゼネラルを立ち上げる。その銀行券は正貨（金貨）との交換が約束されていたから、次第に流通が広がっていく。次に、ローは北米大陸のフランス領ルイジアナの天然資源開発の特権を手に入れ、金鉱採掘を目的としたルイジアナ・カンパニーを設立する。その会社には間もなく多くの貿易特権が与えられ、たちまち巨大企業になる。そして、バンク・ゼネラルには国の貨幣鋳造権が与えられ、バンク・ロワイアル（王立銀行）に改組した。かくして、世界初の中央銀行の誕生となる。

そこで、ローは、バンク・ロワイヤルとルイジアナ・カンパニーを合体させる。バンク・ロワイヤル発行の銀行券は、国の債務返済・新規の財政支出の資金として使われ、一方、ルイジアナ・カンパニーは、ルイジアナの金鉱採掘（「ミシシッピ計画」と呼ばれる）のための株式を発行。公開株式は爆発的な人気となった。

当時のフランス市民は貴族から平民に至るまで、財政支出・国債償還として国から受け取った銀行券でもって、ルイジアナ・カンパニーの発行する株式購入に熱中。バブルがバブルを呼び、銀行券と株式は増発競争となる。しかし、株式の売却代金は金採掘に充てられず、すべて国庫に入れられ、財政支出・国債償還に使われる。ローの考案した「システム」とは、つまりは、銀行券を市中と国庫の間で循環させるシステムだった。

だが、このシステムは間もなく崩壊する。王の一族の一人が、ルイジアナ・カンパニーの株式を入手できず、腹いせに、バンク・ロワイヤルへ銀行券と金貨の交換を要求してきたのだ。それを見た市民がバンク・ロワイヤルに押しかける。銀行には交換に応じる金貨はない。かくしてバンク・ロワイヤルは閉鎖。一七二〇年十月のことだった。

この時からフランス人にはペーパー・マネー不信が根づく。それが二五〇年後に発露した。ド・ゴール大統領治下のフランスがアメリカに対して、自国保有のドルの金との交換を要求。それに欧州各国も追随した。そして、一九七一年八月十五日、ニクソン大統領は金交換停止の特別声明を発表――それが戦後の国際通貨体制（金・ドル本位制）を崩壊させる、いわゆる「ドル・ショック」だった。その日から、アメリカのドルは国際的にもペーパー・マネー（負債通貨）となり、今日に至っている。人は知る、「皮肉は世の常」ということを。

本書は、徳島エコノミージャーナル・ｅｃｏｊａ（経済情報誌）の二〇一三年十一月～二〇一五年三月の各号に「現代日本経済読本」の題名で掲載された小論を加筆修正し、なるほど日本経済――「平成バブル」から「アベノミクス」まで　の題名の一冊の書にまとめたものです（著者）

〈著者紹介〉
富永泰行（とみなが・やすゆき）
1942年　徳島県（三好市）生まれ
1965年　東京大学法学部卒業　同年　大和銀行入社
銀行勤務時代は、調査部、総合研究所（シンクタンク）において約28年間、マクロ経済の調査・分析に従事
現　在　大阪経済大学・大学院客員教授
元・国際経済研究センター・ブレーン
元・りそな総合研究所・調査本部副本部長
元・大和銀総合研究所・経済金融研究本部長

主な著書　日本経済は「再生」するか（LEC《れっく》）

なるほど日本経済——「平成バブル」から「アベノミクス」まで

2015年6月25日　初版第1刷発行

著者 ——富永泰行
発行者 —平田　勝
発行 ——花伝社
発売 ——共栄書房
〒101-0065　東京都千代田区西神田2-5-11出版輸送ビル2F
電話　03-3263-3813
FAX　03-3239-8272
E-mail　kadensha@muf.biglobe.ne.jp
URL　http://kadensha.net
振替 ——00140-6-59661
装幀 ——大坪佳正
印刷・製本— 中央精版印刷株式会社

ISBN978-4-7634-0744-3 C0033